QUINTESSENZ

QUINTESSENZ

DIE SCHÖNEN DINGE DES LEBENS

von Betty Cornfeld & Owen Edwards

Design von John C. Jay
Photos von Dan Kozan
Übersetzt von Tim Cole

Popa Verlag

Für Oona B., Alex C., Ezekiel E.,
die genau das sind, was sie sein sollen.
Evelyn Roth und Mary Kelly danken wir
für ihre unentbehrliche, tatkräftige und
kluge Unterstützung. Und unserer
Verlegerin Pam Thomas für ihre Geduld
und Fürsorge.

Warennamen werden im vorliegenden Buch in der Regel
hervorgehoben, aber ohne Gewährleistung der freien
Verwendbarkeit benutzt. Für die Überlassung zusätzlichen
Bildmaterials danken wir: David Langley für den Steinway-
Flügel und den VW Käfer, der Checker Company für
das Checker-Taxi, der Harley Davidson Corporation, der
Goodyear Corporation, International und der Cigarette
Speed Boat Company.

ISBN 3-9800542-4-1

Quintessenz

Auf einer gewissen kleinen Insel in Griechenland wohnt ein gewisser Mann, den ich kenne, und zwar in einem Lebensstil, den ich als beispielhaft empfinde. Er ist wohl ziemlich gut betucht, vielleicht sogar reich. Er lebt also nicht gerade ärmlich, aber auch nicht protzig. Er hat ein Mädchen von der Insel mühselig in die Geheimnisse der provençalischen Küche eingeweiht, aber er verzichtet darauf, das spärliche Lebensmittelangebot der Insel durch den Abwurf von Austern aus Rungis oder Artischocken aus Tel Aviv zu ergänzen. Er hat zwar eine teure elektrische Pumpe einbauen lassen, um Wasser aus einer uralten Zisterne in seinen blühenden Garten zu leiten, aber er pflanzt alles selber, und jeder Samen stammt aus dem Mittelmeerraum.   □ Dieser Mann ist Maler, und wie die meisten Maler ist er Materialist. Es gehört deshalb zu seinem Wesen, das Wesentliche der Dinge zu ergründen. Er umgibt sich mit Dingen, die er gekauft oder gefunden hat – fernab in Indien oder Tibet, oder im Touristenladen unten am Hafen. Manches ist nützlich, manches dekorativ, manches so ungewöhnlich, daß es sich jeglicher Einordnung entzieht.

Aber so unterschiedlich sie auch sein mögen, die Besitztümer dieses Bildermachers haben alle etwas gemeinsam, das schwer zu definieren ist. Irgendwie bezieht sich das Kapitell einer dorischen Säule aus dem Mauerschutt von Ephesus auf eine Tonschale voller Kieselsteine, die er nebenan am Strand gesammelt hat. Ein Breuer-Stuhl und eine leere Olivenöl-Dose aus der Toscana, die er als Farbtopf verwendet, passen irgendwie zueinander. Bei ihm ist einfach alles *stimmig.* Die Dinge haben eine ganz eigene Anziehungskraft entwickelt und bilden mit den anderen Objekten ein wohltuend harmonisches System. Bei ihm hat man das angenehme Gefühl, vom Ungewöhnlichen umgeben zu sein. Und man fühlt sich überraschenderweise sofort daheim. ☐ Dies ist ein Buch über solche Dinge: Dinge, die uns mehr geben, als wir von ihnen verlangen, und für die wir uns deshalb mehr begeistern können, als anzunehmen wäre. Die Dinge in diesem Buch – vom Kamm bis zum Klavier, vom Hemd bis zur Hose, vom Auto bis zum Zeppelin – haben in jedem Fall eines gemeinsam: das Quentchen *Quintessenz.* Jeder Gegenstand besitzt für sich die seltene und mysteriöse Fähigkeit, exakt das zu sein, was er sein soll. ☐ Die Freude, die uns solche Dinge bereiten, ist herrlich unlogisch; wie die Freude eines Kindes, wenn es plötzlich etwas findet, das auf zauberhafte Weise begehrenswert erscheint. Die Kraft quintessentieller Dinge – ob einfach oder anspruchsvoll, sorgfältig entworfen oder durch Zufall entstanden – ist ebenso unergründlich wie unleugbar. ☐ Das Quintessentielle ist selten geworden in unserem Wegwerf-Zeitalter, und manchmal steckt es hinter einer modernen Fassade. Dennoch tun wir gut daran, immer wieder danach Ausschau zu halten. Denn quintessentielle Dinge, auch wenn sie für relativ alltägliche Zwecke verwendet werden, sind Talismane und Wegweiser; mit einer Seele ausgestattet, an der sich unsere Seelen wärmen. ☐ Mag sein, daß uns die Vorstellung mißhagt, von beseelten Gegenständen umgeben zu sein. Schließlich liegt da der unangenehme Gedanke an Opferjungfrauen oder Waldkobolde nahe. Dennoch kommen wir an der Vorstellung nicht vorbei. Bestimmten Dingen sind im Laufe der Menschheitsgeschichte immer wieder magische Kräfte zugeschrieben worden: Felsen, Stäben, Spiegeln, Ringen, Bechern. Rationalisten haben immer wieder gegen solchen Aberglauben gewettert – oft genug unter Einsatz ihres Lebens. Als zum Beispiel der Byzantinische Kaiser Leo III. die Vernichtung aller Ikonen im Reich befahl, um der ausufernden Mode Herr zu werden, Heiligenbilder als Taufpaten zu verwenden, löste er eine Rebellion aus, die ihn neben einer Menge pflichttreuer Beamten auch noch die lebenswichtige Loyalität seines materialistisch angehauchten Vasallenstaates Venedig kostete. ☐ Das Übernatürliche, das leblosen Gegenständen innewohnen kann, war immer irgendjemandem ein Dorn im Auge. Pascal

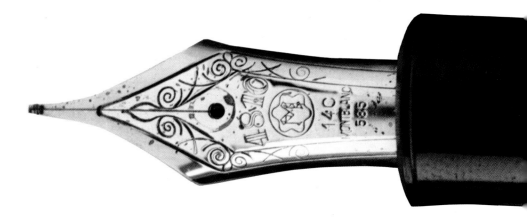

wetterte über seine Freunde, die, „kaum daß sie einen angenehmen Gegenstand erblickten, sich diesem völlig hingeben und von ihm nicht mehr loskommen." Armer Pascal, so enttäuscht vom Menschlichen in sich und anderen. Seine Stimme ist jene des Rufers in der Wüste, der Dämonen in jedem goldenen Kelch erblickt und die Apokalypse in einem seidenen Gewand. Und trotzdem darf getrost angenommen werden, daß irgend ein geliebter Gegenstand – ein Schädel, eine Elfenbeinkugel, eine Fliegenklatsche mit silbernem Stiel, ein marmornes Tintenfaß – neben Pascal lag, als er diese Zeilen schrieb; etwas, ohne das ihm sein Leben einfach weniger wohlgeformt vorgekommen wäre. Aber was Pascal womöglich nur widerstrebend zugegeben hätte, formulierte sein lebensfroher Landsmann Marcel Proust sehr nett, als er die alles andere als unglücklichen Lebensumstände des Monsieur Swann beschrieb: „Wenn er über seine hervorragenden Verbindungen nachdachte, empfand er die gleiche äußere Sicherheit, die gleiche feste Unterstützung, als wenn er sein schönes Anwesen betrachtete, sein feines Silber, das feine Tischlinnen, das er von seinen Vorfahren geerbt hatte." Wie er so dasaß in seinem korkgetäfelten Zimmer, hatte Proust wohl nichts einzuwenden gegen Swanns Neigung, Trost aus den Dingen zu ziehen, die ihn umgaben. Im Gegenteil: Er konnte das sehr gut nachvollziehen.   ☐ Wenn wir, was viele Philosophen behauptet haben, die Summe dessen sind, was wir besitzen, dann ist es doch möglich und nötig, diese Dinge zu definieren. Sie sollten ihrem Wesen nach quintessentiell sein, also beispielhaft für das, was Kant als das „Ding an sich" bezeichnete.   ☐ Die moderne Definition von Quintessenz ist „die pure, hochkonzentrierte Essenz, das Wesen einer Sache." Aber Aristoteles, und nach ihm die Philosophen des Mittelalters, hatten dafür eine einleuchtendere Erklärung. Für sie war die Quintessenz der Äther, also jenes „fünfte Element", (neben Erde, Luft, Feuer und Wasser), das die Himmelskörper bildete, eine lebenserzeugende und -erhaltende Substanz, die alles durchdringt. So etwas wie eine Seele also. Diese Definition läßt darauf schließen, daß ein bestimmtes Objekt – eine Person oder ein Gegenstand – um so höher auf der Tugendleiter steht, je mehr es von diesem kostbaren fünften Element enthält.   ☐ Im Mittelalter mag die Vorstellung, alles sei vom quintessentiellen Äther durchdrungen, noch relativ selbstverständlich erschienen sein. Schließlich waren alle Dinge – vom höchsten Berg bis zum kleinsten Spatzennest – entweder von Gottes oder von Menschenhand gemacht. Quintessenz konnte sich ebensogut in der Holzkelle eines Bauern offenbaren wie im mundgeblasenen Kristallgefäß eines Glasermeisters, blieb aber allgegenwärtig und glaubhaft. Mit dem Aufkommen der Massenfertigung wurde die Wahrscheinlichkeit, Quintessenz zu begegnen, im Lauf der Zeit immer geringer. Das Können des Handwerkers hat immer weniger mit der Herstellung von Alltagsdingen zu tun. Uniformität und Effizienz verdrängten die langsamen, oftmals schier an Zauberei grenzenden Kunstgriffe der Handarbeit. Seit der industriellen Revolution setzt sich die Annahme durch, Massenfertigung schließe Quintessenz aus, und dagegen läßt sich schwer was sagen. Der Unterschied zwischen, sagen wir, einem handgestrickten Pullover und einem von der Maschine ist offensichtlich, und es wäre das einfachste der Welt, Hunderte von zusätzlichen Beispielen zu finden. Aber nur weil die Wahrscheinlichkeit gegen das Quintessentielle spricht, heißt das noch lange nicht, daß es das nicht mehr gibt. Die Quintessenz lebt, vital wie immer – nur ist es heute ein bißchen schwerer, sie im gleichförmigen Überfluß unserer Epoche zu entdecken.　□ Ein großes Dilemma unserer Tage ist, daß uns die Werbung mit ihrem starken Zauber immer wieder dazu bringt, mehr zu wollen, obwohl wir das, was wir bekommen, dann immer weniger lieben. Man verspricht uns unablässig Zufriedenheit, aber wir finden sie nie, pendeln stattdessen lustlos von einem ungeliebten Konsumartikel zum nächsten. Nicht so sehr, weil wir Materialisten sind (der Ausdruck wird heute sowieso viel zu oft falsch verstanden und verwendet), sondern weil wir der Versuchung des Dinglichen verfallen sind. Hier ist die Enttäuschung beheimatet, die dazu führt, daß es uns nach immer mehr gelüstet, als könnten wir das Seelenlose durch schiere Menge aufwiegen. Stattdessen wächst unsere Verlorenheit.　□ In seinem Buch *The Context of No Context* („Der Zusammenhang des Zusammenhanglosen“) weist George Trow darauf hin, daß „die Vorstellung, wählen zu können, schnell verwässert wird, wenn man vergißt, daß es letztlich darum geht, *richtig zu wählen,* nicht ständig zu wählen.“ Um richtig zu wählen, muß man in der Lage sein, Dinge zu finden, die ihre Funktion nicht nur ideal erfüllen, sondern die – um John Ruskin zu zitieren – „auf geheimnisvolle Weise mit unerklärlichem Leben erfüllt zu sein scheinen.“　□ Und weil sie von der doppelten Tugend der Funktionalität und des Eigenlebens beseelt sind, verlieren quintessentielle Dinge auch dann nicht ihre Fähigkeit uns zu befriedigen, wenn wir uns an sie gewöhnt haben. Sie sind eben richtig richtig. Und weil sie so sind, bieten sie einen Ausweg aus dem Labyrinth der stupiden Beschäftigung mit immer mehr und anderen Dingen. Ein Mensch mag zum Beispiel von der Idee besessen sein, die richtige Uhr haben zu müssen. Schließlich sind Uhren nicht nur praktische Gebrauchsgegenstände, sondern eignen sich hervorragend als Statussymbol. Der Mensch wird am Ende eine halbes Dutzend davon gekauft haben, jede ein paar Wochen oder Monate lang geliebt haben, bis er eine sieht, die ein bißchen perfekter aussieht. Wenn wir dagegen gelernt haben, nach einer *quintessentiel-len* Uhr, sozusagen nach der „Uhr an sich“ zu suchen, dann wird etwas geschehen, was mehr ist als nur der

Kauf und das Besitzen eines Chronometers. John Cheever beschrieb es sehr gut in *Oh, What a Paradise It Seems.* „Er empfand die Leichtfüßigkeit des Schlittschuhlaufens wie ein tiefes Urerlebnis." Quintessentielle Dinge geben so ein Echo von sich, erschließen uralte Kraftquellen. Ihre fundamentale Richtigkeit macht sie unumstößlich. Eine quintessentielle Uhr kann den Menschen vom Uhren-Tick befreien: Wer richtig gewählt hat, muß nicht mehr ständig weiterwählen. Die zwanghafte Beschäftigung mit Dingen kann viele Formen annehmen, und meistens gibt es etwas Quintessentielles, das uns davon befreien kann.   □ Woran erkennt man Quintessenz? Die beste Antwort ist einfach und schwierig zugleich: Man weiß es eben. Wer eine Antenne dafür besitzt, dem wird sich Quintessenz immer offenbaren. Unsere Instinkte reagieren spontan darauf, auch wenn sich unser Intellekt dagegen sträubt. Im tiefsten Inneren spürt man, daß etwas „richtig" ist, und das Gehirn vermeldet prompt: „Ja, das ist es!" Man trainiert seine Instinkte am besten, indem man ihnen vertraut. Je empfänglicher Sie für Quintessenz geworden sind, desto eher werden Sie sie finden. Und es gibt sie auch bei uns noch, egal wieviel Oberflächlichkeit uns die Industrie in ihrem verzweifelten Bemühen vorsetzt, den Umsatz nach oben zu drücken.   □ Menschen und Orte können ebenso quintessentiell sein wie Gegenstände. Allerdings werden sie immer rarer angesichts der schier ausufernden Woge kitschiger Architektur und kurzlebiger Stars, die uns das späte 20. Jahrhundert beschert. Und dennoch sind sie da. Fred Astaire gehört dazu. Genau wie Micky Maus, die Pyramiden, das Parthenon in Athen und das Chrysler-Gebäude in Manhattan. Wie Charlie Chaplin, die Concorde, der Mercedes SSK (falls Sie einen finden), und Charo (falls Sie *die* finden können). Wimbledon ist quintessentiell, genau wie die Rallye Monte Carlo. Cary Grant ist in höchstem Maße quintessentiell, ebenso wie Mick Jagger und das weltberühmte Symbol für sauberen Sex, Kopenhagens kleine Meerjungfrau. Jack Dempsey war quintessentiell, und Ali ist es heute noch. Siena und Venedig sind quintessentiell, ebenso wie Paris und Peking und die Musik Mozarts.   □ Damals, als es in Hollywood noch richtige Stars gab, war Quintessenz das, was einzelne Namen aus der großen Masse der Eintagsfliegen hervorragen ließ. Mae West zum Beispiel, oder Laurel und Hardy, Gary Cooper, Humphrey Bogart, George Sanders, Ingrid Bergman, Charlie McCarthy, Peter Lorre. Und natürlich Marilyn Monroe.   □ Es gibt Zeiten, da sind sogar Politiker quintessentiell. Und ob wir's mögen oder nicht – das sind meist aufregende Augenblicke. Churchill war quintessentiell, ebenso wie Roosevelt und De Gaulle, Tito und George Patton, und – wenn wir ehrlich sind – sogar ein Hitler oder Stalin.   □ Quintessentielle Menschen ragen kraft charismatischer Persönlichkeit aus der Masse heraus. Quintessentielle Orte und Bauwerke fügen sich harmonisch in die Landschaft unserer Seele ein. Aber wie können wir sicher sein, es wirklich mit Quintessenz zu tun zu haben? Nun, zum einen kann man, wie gesagt, instinktiv erkennen, wenn Dinge so sind, wie sie sein sollen. Daneben gibt es aber tatsächlich ein paar brauchbare Wegweiser, die uns die Suche nach dem Quintessentiellen erleichtern können. Thomas Hardy schrieb über die höhere Mathematik, sie biete „ein hohes Maß an Unerwartetem, verbunden mit Unausweichlichem und Effektivität." Ähnliches ließe sich über quintessentielle Dinge sagen. Sie mögen einmal ungewöhnlich oder sogar revolutionär gewirkt haben, aber mit der Zeit sind sie selbstverständlich geworden, und man kann sich bald nicht mehr vorstellen, wie so etwas – ein VW Käfer, zum Beispiel – anders sein könnte, als es ist. Und was viel wichtiger ist: Man *möchte* es sich nicht vorstellen. Irgendwann hat ein solches Ding den Punkt erreicht, an dem sich jede weitere Verbesserung erübrigt – wo jede Änderung nur schaden kann. Es wird womöglich besser funktionieren als vorher – wie der abgespeckte, weniger arrrogante Rolls-Royce von heute. Aber mit der verbesserten Konkurrenzfähigkeit geht meistens auch jene Magie verloren, die den eigentlichen Reiz ausmachte.   ☐ Ein quintessentielles Ding läßt sich nicht steigern. Entweder es ist quintessentiell, oder es ist es nicht, doch wenn man daran herumfummelt, kann man es schnell ruinieren. So gibt es in Amerika eine sehr beliebte Art von gefülltem Schoko-Keks, den Oreo Cookie, der einfach genau so ist, wie er sein soll: sozusagen die Quintessenz des Keks. Aber vor ein paar Jahren meinte ein Marketing-Schlaumeier bei Nabisco, der Herstellerfirma, man müsse nur die Vanillefüllung zwischen den beiden runden Schokoladenwaffeln verdoppeln, und schon hätte man einen noch besseren Oreo Cookie. Kinder seien doch ganz wild auf das Zeugs, meinte er. Es war eine Katastrophe, so gründlich falsch, wie der Original-Oreo richtig gewesen war. Ein Konzern wie Nabisco gibt ungern Fehler zu, und in diesem Fall weigert man sich einfach, den Flop als solchen anzusehen. Der furchtbare Doppel-Keks wird weitervertrieben, und es gibt offenbar ein paar Leute, die das Zeugs auch essen, aber die echten Anhänger des quintessentiellen Oreo Cookie finden das Ganze gar nicht komisch.   ☐ Wahre Quintessenz läßt sich ebensowenig erzwingen wie wahre Liebe, egal wie edel die Absicht oder raffiniert das Design. Sie entsteht entweder von allein oder gar nicht. Meistens tritt sie völlig überraschend auf, und oft genug stellt sie sich gerade dann nicht ein, wenn sie am dringendsten gebraucht werden würde. Aber wenn sie sich einstellt, verändert sie alles. Der Frisbee hätte ebensogut den Weg der meisten Modetrends gehen und wie der Hoola Hoop in der Versenkung verschwinden können. Beide sind schließlich rund. Beide bestehen aus Kunststoff und sind im Grunde völlig nutzlos. Der Hoola Hoop hat von

beiden sicher für die meisten Schlagzeilen gesorgt, aber heute – 30 Jahre später – gibt es den Frisbee immer noch, während der glücklose Hüftreif höchstens noch in Dokumentarfilmen über die „Fabulous Fifties" zu sehen ist.   □ Das „Unausweichliche" an einem quintessentiellen Objekt ist auch daraus zu ersehen, daß man beim Betrachten das Gefühl bekommt, als würde der Gegenstand gerne selbst so aussehen, wie er ist. Sergio Pininfarina, der Schöpfer des Ferrari Dino (und der Sohn des Mannes, der die legendäre Cisitalia entwarf, das einzige Auto, das heute im Museum of Modern Art steht), sagte einmal, ein guter Designer „gestaltet Stahl so, wie der Stahl gerne gestaltet sein möchte". Genauso sieht ein quintessentielles Objekt oft so aus, als habe es sich selbst geschaffen. Anders ausgedrückt: Wenn ein Feuerzeug wie ein Feuerzeug aussehen will, dann wird es wie ein Zippo aussehen; wenn ein Gebäude wie ein Wolkenkratzer aussehen will, dann wird es sich am Empire State Building orientieren, und so fort.   □ Pinifarina bezeichnet großes Design als einen Sieg der „eigenen Handschrift", und oft genug läßt sich Quintessenz auf einen Bleistiftstrich reduzieren. Um Quintessenz im Ansatz festzustellen, sollten Sie prüfen, ob der fragliche Gegenstand einer Kinderzeichnung eines solchen Gegenstandes ähnelt. Sagen Sie einem Kind, es soll einen Hund malen, und es wird einen Bullterrier malen. Seine Zeichnung eines Autos wird große Ähnlichkeit mit dem Checker-Taxi von New York aufweisen. Und vermutlich würde sein Bild einer Champagnerflasche ziemlich genau der Form einer Flasche Dom Perignon entsprechen.   □ Schließlich und endlich werden Sie Quintessenz an dem Gefühl geistiger Verwandtschaft erkennen, das sie erzeugt. Ein quintessentieller Gegenstand nimmt uns sofort in seinen Bann, berührt uns auf eine sehr einfache, unkomplizierte Art. Und wie eine liebgewordene und oft gehörte Geschichte befriedigt sie uns immer wieder auf eine Weise, die neu ist und zugleich älter als die Erinnerung. Echte Materialisten haben es heute schwer. Die Flut von Schrott, Kitsch und seelenlosen Statussymbolen macht die Suche nach Zeitlosem immer schwerer. Der Sirenengesang des Dinglichen lockt uns ständig ins Verderben. Aber statt unsere Ohren mit Wachs zu verstopfen, sollten wir die Augen offenhalten für die Quintessenz bei Menschen, Orten – und vor allem in Dingen, die uns von der zwanghaften Beschäftigung mit dem Dinglichen befreien kann.   □ Dieses Buch ist nicht als Katalog gedacht, aus dem man auswählen soll, sondern als Führer zum besseren Erkennen der Quintessenz, wie sie sich heutzutage manifestiert. Es handelt sich, von wenigen Ausnahmen abgesehen, um Massenprodukte, die fast alle derzeit erhältlich sind. Für manche davon wird der eine oder andere Leser keine Verwendung finden können, aber ihre Nützlichkeit ist hier nicht das Kriterium. Ohne Kinder im Haus wird der Wert eines Steiff-Teddybären nur schwer ersichtlich sein. Aber selbst wenn keiner damit spielen will: Das Ding selbst ist schön wie eine Statue. Hundekuchen gehen zunächst nur Hundebesitzer etwas an, aber der Milk-Bone Hundekuchen hält jederzeit dem Vergleich mit einem präkolumbianischen Kunstobjekt stand. Wer außer Goodyear könnte sich ein Luftschiff leisten? Aber wie schade wäre es, müßten wir auf die langsamen, wunderbaren Augenblicke verzichten, in denen wir mit unseren Augen Besitz davon ergreifen, während es langsam über unseren Köpfen hinwegschwebt? Es gibt viel mehr quintessentielle Dinge, als hier aufgeführt werden können. Es sollte keineswegs versucht werden, die endgültige Liste des Quintessentiellen zu erstellen – das wäre wohl auch gar nicht möglich. Die Dinge in diesem Buch sollen lediglich Hinweise darauf geben, welche Formen Quintessenz annehmen kann, und wie wir sie erkennen, wenn sie uns begegnet. Es sollen auch keine Kategorien oder Klassen der Quintessenz geschaffen werden. Der VW Käfer ist nicht *das* quintessentielle Auto, sondern nur *ein* quintessentielles. Und wenn wir sagen, Fox's U-Bet sei die Quintessenz des Schokoladensirups, dann mag sofort ein anderer aufspringen und einen anderen Markennamen rufen. Wir halten uns da lieber raus.   ☐ Dieses Buch ist also keine Bestenliste. Sich mit der Frage zu beschäftigen, was das Beste einer bestimmten Gattung sei, ist Dinglichkeit in Reinkultur, denn was heute am besten ist, wird morgen unweigerlich verbessert werden. Ein Leben, das sich immer nur um das Beste dreht, wird immer nur aus wilder Hatz und bitterer Enttäuschung bestehen. Dieses Buch entstand, als sich zwei alte Freunde per Zufall in Scribner's Buchladen auf der Fifth Avenue trafen und sich nach kurzem Gespräch einig waren, daß Scribner's vielleicht nicht der beste Buchladen, dafür aber genau das sei, was ein Buchladen sein sollte. Möglicherweise ist nichts in diesem Buch das jeweils Beste in seiner Kategorie. „Das Beste" ist ein Werturteil, das auf Statistik beruht, nicht auf Geschmack oder Instinkt. Und in einer Welt, in der ständige technologische Innovation und unablässiger Wettbewerb Trumpf sind, wird das Beste seinen Platz zwangsläufig immer nur kurz behaupten können. Quintessentielle Dinge stehen gottlob über solchem Gerangel. Sie sind treu und unverwüstlich und in Ehren ergraut. Sie sind uns deshalb so ans Herz gewachsen, weil sie sich nicht mit erhobenem Zeigefinger in den Vordergrund drängen und schreien müssen, sie seien die Nummer eins. Quintessenz hält sich zurück und ist einfach da – heute und morgen – o.e.

QUINTESSENZ

Der echte Martini

Klar wie ein Gebirgsbach, kühl wie eine Sommerbrise, erfrischend wie ein Bad im Meer. Allenfalls frisches Quellwasser kann in der Summe seiner segensreichen Tugenden mit der Königin der Cocktails mithalten. Der Martini gilt zudem als ein Symbol von Weisheit und Macht. Schließlich handelt es sich hier um das

Lieblings-Getränk von James Bond (der darauf bestand, ihn geschüttelt und nicht verrührt zu bekommen, was allerdings mehr eine Marotte ist). Sollen die anderen doch Tequila Sunrise, Bananen-Daiquiri oder Kir Royal bestellen: Die knappe, bestimmte Order nach „Martini ohne Eis, nicht *zu* trocken" schneidet immer noch wie ein Zauberschwert.

Anders als die meisten Bar-Klassiker wurde der echte Martini nicht spontan erfunden, sondern entwickelte sich über viele Jahre zu seiner augenblicklichen ausgereiften Hochblüte. Der Drink tauchte 1862 erstmals in einem Buch von Prof. Jerry Thomas, *Bon Vivant's Companion,* unter dem Namen „Martinez" auf. Das Rezept schrieb einen halben Meßbecher Wermut und einen Spritzer Gin vor, ferner etwas Bitter, Maraschino-Likör, eine Zitronenscheibe und Eiswürfel. Bis zur Jahrhundertwende war der Name auf „Martini" verkürzt und der Ginanteil auf 50 Prozent erhöht worden. Das Getränk wurde mit den Jahren dann immer trockener, bis schließlich das gegenwärtige Idealverhältnis von vier Teilen Gin und einem Teil Wermut erreicht war.

Nichts läßt uns Streß und Trubel so schnell vergessen wie dieses flüssige Denkmal jenes leider unbekannten Señor Martinez. Auf sein Wohl!

Der Ace Kamm

Erinnern Sie sich noch an Buzz? Klar doch! Buzz war der unwahrscheinlich coole Bandenchef in *Denn sie wissen nicht, was sie tun,* der James Dean so lange auf die Nerven ging, bis er endlich im Laufe jener unvergeßlichen automobilen Mutprobe – nebeneinander her auf den Abgrund zufahren; wer zuerst aus-

Und wissen Sie noch, was Buzz machte, bevor er sich zum letzten Mal ins Auto setzte? Er kämmte sich die Haare mit jener quintessentiellen Geste der Nachkriegsära: Kamm in der Rechten, mit der anderen Hand hinterher über den Kopf fahren, um eventuelle widerborstige Strähnen zu bändigen. Und dann das ganze nochmal auf der anderen Seite, um die Prozedur abzuschließen.

Der standesgemäße Kamm für diese Macho-Kulthandlung war – und ist – der Ace. Der

Name stimmt, genau wie das handliche Format und die Zinken, die am einen Ende eng, am anderen weit auseinander stehen. (Die grobe Kammhälfte hinterläßt bei ordnungsgemäß eingesoßten Haaren glitzernde Wellenlinien, die stunden- oder tagelang liegenbleiben.) Der Ace ist ziemlich herumgekommen. Die erste Hartgummi-Inkarnation der American Company in Booneville, Arkansas, steckte schon im Bund zahlloser Badehosen. Das war damals in im finsteren Zeitalter v. E. (vor Elvis). Der Kamm diente vielen Herren, wurde mehrmals verkauft und gehörte sogar mal der National Biscuit Company (vermutlich so lange, bis einer mal reinbiß...). Gleichzeitig machte der Kamm eine Metamorphose durch von Hartgummi zu Plastik, was ihm einiges von seinem alten Charme gekostet hat. Aber während viele von der damaligen Generation schon Haare lassen mußten, hat der Ace noch alle Zähne – einen besseren hat die Branche nicht zu bieten. Sie brauchen sich nur eine Handvoll Birkin oder Brylcreme in die Haare zu schmieren. Den Rest besorgt der Kamm.

steigt ist ein Feigling – unversehens abstürzte. Auf jeden anständigen Jungen, der in den Fünfzigern aufwuchs, mußte Buzz bedrohlich und beneidenswert zugleich wirken. Er hatte zwar beim Autofahren ausgesprochenes Pech, aber im Grund unserer pomadigen Herzen wollte doch jeder von uns so sein wie er.

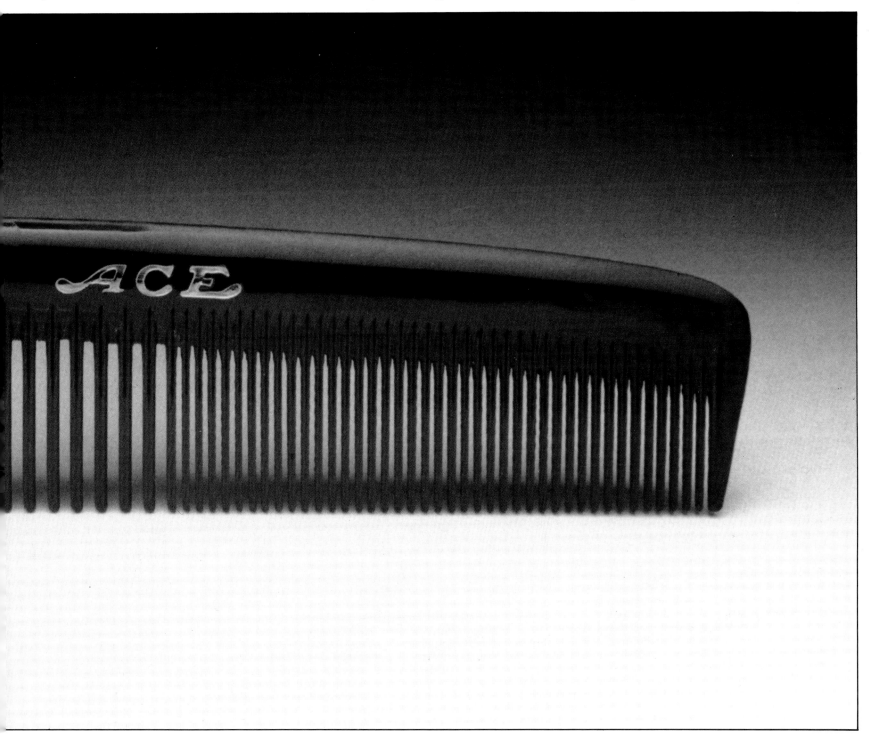

Wedgwood Plain White Bone China

Französiche Köche servieren neuerdings kleinere Portionen, bei denen die Grenzen zwischen Eleganz und Spärlichkeit oft nicht mehr erkennbar sind. Besonders *nouveau* ist das alles nicht: Der leidgeplagte englische Adel ist seit Jahrhunderten den Anblick eines einsamen Lammkoteletts und einer *nouvelle* Kartoffel

gewohnt, serviert auf Geschirr von jener erhabenen weißen Perfektion, die nur Wedgwood zustandebringt. Weißer Bone China gibt dem Wörtchen „schlicht" eine völlig neue Bedeutung. Selbst wenn Sie mit knurrendem Magen vom Tisch aufstehen müssen: Der Genuß, von solch unverblümt ästhetischem Geschirr zu essen, entschädigt für vieles.

Bone China von Wegdwood wurde erstmals zu Zeiten von Josiah Wedgwood II., dem Sohn des Firmengründers, zwischen 1812 und 1822 produziert. Mit der Bezeichnung verbindet sich die Vorstellung von strahlendem Weiß und federleichtem, ungeheuer robustem Porzellan. Was daher kommt, daß dem Ton vor der Verarbeitung neben Porzellanerde auch pulverisierter Tierknochen beigemischt wird. Die Sicherheitskontrollen, mit denen Wedgwood seine Porzellan-Formel schützt, sind erheblich strenger als neuerdings im Buckingham-Palast, aber soviel wird wenigstens verraten: Der Anteil an Ochsenknochen liegt weit über 50 Prozent, was die Erklärung für das makellose Weiß und die ungewöhnliche Zähigkeit dieses Porzellans sein muß. Wedgwood geht so weit zu behaupten, vier seiner Tassen, unter den Rädern plaziert, würden ein ganzes Auto tragen! Nur: Welches Auto, und warum wir so etwas überhaupt tun sollen, sagen sie nicht.

Der Spalding Gummiball

Ein Ball muß, wenn er diesen Namen verdienen soll, rund sein und springen können. Nichts auf der Welt scheint so rund und so auf dem Sprung zu sein wie der rosafarbene Gummiball von Spalding. Er paßt genau in jede Hand, ob groß oder klein. Er sieht bezaubernd schlicht und funktionell aus, ob er nur so daliegt oder

herumhüpft. Er ist aus einfachem Hartgummi gemacht, was irgendwie überzeugend wirkt. Und er gibt ein richtig befriedigendes *twok* von sich, wenn er auf Treppenabsatz oder Bürgersteig auftrifft – ein Kriterium bei der Beurteilung eines Balls, das keineswegs unterschätzt werden darf.

Die Spalding Company macht viele andere Dinge außer dem rosafarbenen Hartgummiball, und diese Produkte heißen alle Spalding dies oder Spalding das – nur der Gummiball ist und bleibt ein Spald*een*. Und wer das nicht weiß, der wird auch nie verstehen, warum der Spaldeen der Ball an sich ist.

Die Ivory Seife

Die Erfindung von 99,44 Prozent reiner Ivory Seife war ein hundertprozentiger Zufall. Ein Arbeiter in der Fabrik von Procter & Gamble hatte vergessen, die Mischmaschine über Mittag abzuschalten, und bis er zurückkam, hatte das Gerät große Mengen Luft in die Seife gerührt. Ohne es zu wissen verschickten Procter und

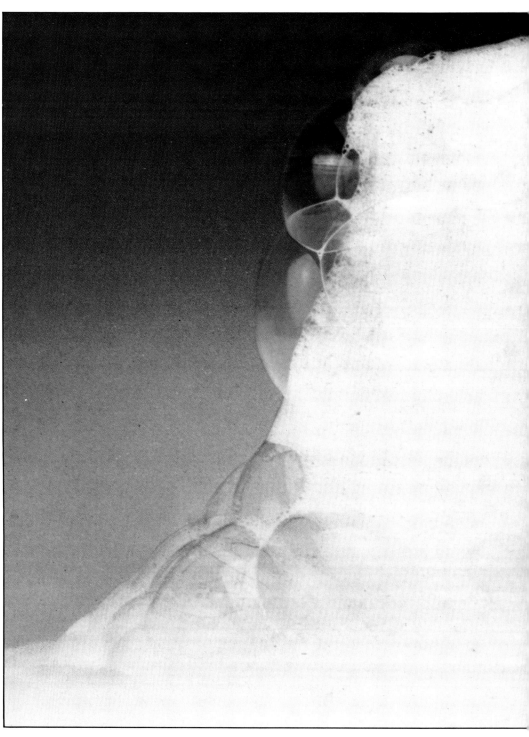

überlegte sich dabei, während er vor sich hindöste, wie er wohl die neue „White Soap" (eine zutiefst einfallslose Bezeichnung) seiner Firma nennen solle. Bewußtsein und Unterbewußtsein sollen sich dabei irgendwie vermischt haben, und dabei muß er gehört haben, wie der Pfarrer aus dem 45. Psalm zitierte: „Deine Kleider sind eitel Myrrhen, Aloes und Kezia, wenn du aus den elfenbeinernen Palästen daher trittst, in deiner schönen Pracht...".

Im Dezember 1882 schickte Harley Proben seiner Elfenbein-Seife an eine Reihe von Chemikern und bat darum, sie mit der Konkurrenz zu vergleichen. Einer von ihnen fand

heraus, daß die Seife nur 0,56 Prozent Fremdstoffe enthielt (noch weniger als Castile, damals die beliebteste Seife des Landes), und daraus machte Procter & Gamble einen der meistbekannten Werbeslogans Amerikas. Ivory ist heute noch das, was sie nach dem Willen ihrer Schöpfer sein sollte: verläßlich, unerläßlich und erschwinglich. Die Verpackung ist hell, freundlich, ein bißchen bieder und vor allem klinisch rein: das weiße Seifenstück schwebt über blaue Wellen, zwischen denen ein einzelner roter Wellenkamm wie eine Fahne um Aufmerksamkeit winkt. Sogar das grundsolide Wachspapier läßt darauf schließen, was uns innen erwartet. Die glänzendweiße Seife erzeugt sofort dicken, cremigen Schaum. Mit Ivory Seife spürt man beim Händewaschen wenigsten, daß etwas passiert: Die Seife arbeitet richtiggehend. Nach dem Abtrocknen riechen die Hände sauber – nicht desinfiziert oder parfümiert. Das alles – und dann schwimmt das Ding auch noch! Halten Sie's beim Baden unter Wasser und lassen Sie los, dann schießt es aus der Tiefe an die Oberfläche und dümpelt dort seelenruhig vor sich hin. Was ist dagegen schon eine Quietschente?

sein Vetter, Gamble, eine Ladung dieser schwimmenden Seife an Kunden. Und wer die Geschichte von der Namensgebung dieser meistverkauften amerikanischen Seife glaubt, wird auch selig: Angeblich saß Harley Procter an einem Sonntag des Jahres 1879 in der Kirche, hörte mit einem Ohr der Predigt zu und

Campbells Tomatensuppe

Tomatensuppe in der Büchse gehört in jede Speisekammer und in jeden Luftschutzkeller. Die Idee, Suppen-Konzentrat in Dosen anzubieten, kam 1897 einem gewissen Arthur Dorrance, dem Neffen von Dr. J. T. Dorrance, dem Geschäftspartner von Joseph Campbell, Gründer des gleichnamigen Unternehmens.

(Als Campbell sich im Jahre 1900 zur Ruhe setzte, nahm er alles mit bis auf seinen Namen.)

Die Tomatensuppe war das allererste Produkt der Firma, und sie ist bis heute auch das beste geblieben. Gießt man etwas Milch dazu, schmeckt sie genauso dick, vollmundig und sahnig wie selbstgemacht. Auf der Packung steht zwar, daß man sie auch mit Wasser verdünnen kann, aber das ist so, als würde man eine Wildconsommé mit einem Fleischbrühwürfel strecken. Der Zusatz von Milch verwandelt die dicke, rote Wabbelpaste schlagartig in eine leckere, lachsfarbene Suppe, die zugleich die Nerven beruhigt und satt macht.

Wir brauchen nicht einmal einen Andy Warhol um zu wissen, daß eine solche Dosensuppe ein Kunstwerk ist. Ikonographisch verdankt das rot-weiße Etikett seine Entstehung den Traditionsfarben der Footballmannschaft der Cornell-Universität. Die Goldmedaille kam im Jahre 1900 dazu, als Campbell-Suppen damit auf der Pariser Weltausstellung ausgezeichnet wurden. Und die Franzosen sollen ja etwas vom Essen verstehen…

Das Erdnußbutter- und Marmeladen-Sandwich

Was crêpe in Frankreich, Moussaka in Griechenland und Gulasch in Ungarn, das ist für den Amerikaner sein „peanutbutter and jelly sandwich". Auch wenn noch kein Gourmet sich Gedanken darüber gemacht hat, welcher Wein dazu paßt, und das Rezept auch in keinem Kochbuch steht: Erdnußbutter- und Marmeladen-

Sandwiches sind drüben das endgültige Grundnahrungsmittel, Manna von Mamma, die Antwort Amerikas auf die Cricketfelder von Eton. McDonald's kann mit seinen 40 Milliarden Big Mäcs so lange angeben, wie er will: Die Zahl der von amerikanischen Kindern verdrückten Erdnuß-Stullen entzieht sich kalkulatorischer Klimmzüge.

Es ist kaum zu glauben, aber es gibt tatsächlich ein verbindliches Rezept für diese Elementar-Mahlzeiten. Ja, es darf auf gar keinen Fall von dieser Vorschrift abgewichen werden, wenn das Resultat alle gestellten Anforderungen erfüllen soll (schließlich handelt es sich hier nicht nur um etwas zu essen, sondern um ein Stück amerikanischer Kultur): Man nehme Original-Skippy's Erdnußbutter (die cremige!), Welch's Trauben-Gelee und jenes weiße Toastbrot, das ansonsten allerhöchstens als Ersatz für Modelierton taugt. Das fade Zeugs, das mehr an einen feuchten Schwamm als an das erinnert, was der Rest der Welt als Brot bezeichnet, ist einer der Schlüssel zum Geschmack, denn es unterstützt die beiden Kern-Ingredienzen mit der sklavischen Selbstlosigkeit eines taubstummen Eunuchen am Hofe zu Byzanz. Schon mal was von Erdnußbutter und Marmelade auf Vollkornbrot gehört? Igittigitt!

Die Timex Uhr

Eine Uhr ist ein Gerät, das uns die Zeit sagt. Ein Blick aufs Handgelenk, und schon wissen wir, ob wir schneller oder langsamer gehen müssen. Die einfache, weiße, wasserdichte Timex Mercury 20521 mit den schwarzen, leicht lesbaren arabischen Ziffern und dem großen Sekundenzeiger ist pure Funktionalität. Sie sagt uns,

was es geschlagen hat und sonst gar nichts. Das Ziffernblatt besitzt sogar richtige Minuten-Markierungen, damit wir uns vergewissern können, daß es jetzt vier Uhr, dreizehn Minuten und zweiunddreißig Sekunden ist.

Digitaluhren sagen uns das natürlich auch, aber sonst niemandem (schon mal versucht, einen heimlichen Blick auf die Digitaluhr des Nachbarn zu werfen?). Außerdem schreitet die Zeit auf einer Digitaluhr viel zu schnell und unerbittlich fort. Die Zahlen lösen sich ständig ab, und in der Zeit, die man zum Zuschauen braucht, sind wir dem Tod schon wieder ein bißchen nähergerückt. Metaphysisch gesehen machen Digitaluhren depressiv. Quarzuhren lassen sich nicht aufziehen und machen auch nicht „tick". Und ohne Ticken könnte sie doch ebensogut die Zeit auf einem anderen Planeten festhalten.

Timex hieß ursprünglich „U. S. Time" und stellte Zeitzünder und Zielsucher für Torpedos,

Luftabwehrgeschütze und andere Präzisionsinstrumente her. Der Präsident von U. S. Time, Joakim Lehmkuhl, hatte eines Tages die Idee, eine preiswerte und robuste Armbanduhr herzustellen. Bis dahin gehörten Uhren eher zu den Familienerbstücken, aber das änderte sich schnell. Oder kennen Sie vielleicht jemanden, der eine Timex reparieren läßt? Entweder sie läuft, oder sie läuft nicht; dann kauft man sich eben eine neue. Klar können Sie eine Timex reparieren lassen, aber bei dem Preis – warum? Die ersten Timex-Uhren kamen 1949 auf den Markt, und die Öffentlichkeit empfing die Vorstellung einer Billiguhr mit gebührender Skepsis. Eine Uhr für unter 20 Dollar, so hieß es, wäre doch schon kaputt, bevor man damit zu Hause ankäme. Als Beweis für die Unverwüstlichkeit der Uhr hielt Timex seine Verkäufer an, sie im Laden gegen die Wand oder auf den Boden zu werfen. Und als ob das noch nicht genug wäre, heuerte die Firma auch noch den Fernsehreporter John Cameron Swayze an, um die Uhr für Werbezwecke zu foltern. Das tat er mit der Gründlichkeit eines südamerikanischen Diktators, aber vergeblich – die Timex tickte munter weiter.

Der Steinway-Flügel

Wenn es etwas gibt, das kein normaler Mensch mit einem Steinway assoziieren würde, dann ist es eine Küche. Und dennoch: Unter Kennern weiß man, daß die beiden eng miteinander verwandt sind. Das sogenannte „Küchen-Klavier" ist der Vorläufer des modernen Konzertflügels, weil Heinrich Engelhard Steinwig das

erste Exemplar in seiner Küche im niedersächsischen Städtchen Seesen konstruierte. 1853 wanderte er mit seinen vier Söhnen nach Amerika aus und änderte seinen Namen von Steinwig in Steinway um. Ein Steinway (der Ausdruck „Steinway-Flügel" ist fast schon redundant) wird auch als „Instrument der Unsterblichen" bezeichnet, und das mit Recht. Er ist der Lieblings-Flügel (unter anderem) von Rudolf Serkin, Andre Watts, Misha Dichter, Vladimir Ashkenazy, Lili Kraus, Vladimir Horowitz und Artur Rubinstein selig.

Wo auch immer in Amerika ein Pianist eine Vorstellung gibt: Ein Steinway steht in bequemer

Reichweite. Die Firma hat 305 davon (im Wert von rund 20 Millionen Mark) überall im Land stationiert, die ausschließlich Konzertzwecken vorbehalten sind. Der Künstler zahlt nur fürs Stimmen sowie für den Transport, die Benützung des Steinway selbst ist gratis. (Sollte ein Pianist jemals ein anderes Fabrikat vorziehen, so das Gerücht, dann bekäme er auf Lebzeiten Steinway-Sperre.) Nur Unsterbliche dürfen diese Instrumente auf der Bühne spielen, aber wir Sterblichen können uns durchaus einen kaufen. Allerdings kann das die Kleinigkeit von 80.000 Mark und mehr kosten für das Spitzen-Stück, den Modell-D-Konzertflügel. Außerdem müssen Sie ein Jahr oder länger darauf warten. Von Spontankauf kann also keine Rede sein: Ein Steinway ist eine ernsthafte Investition, und das ist gut so. Schließlich handelt es sich hier um ein in sorgfältigster Handarbeit gebautes Kunstwerk. Also bitte, bitte: kein Bier hineinschütten!

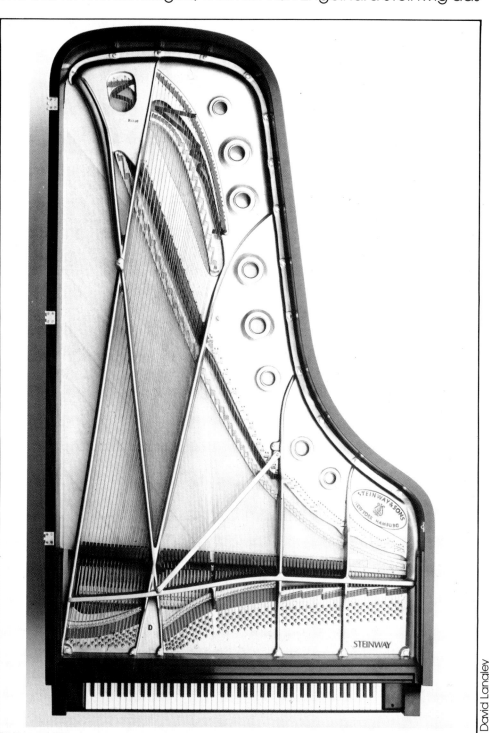

David Langley

Camel Zigaretten

Raucher sein hieß früher niemals um Verzeihung bitten zu müssen. Man rauchte nicht nur, man rauchte mit *Stil.* Keiner behauptete, daß es besonders gesund sei, aber wenn einer wie ein Weltmann zu rauchen verstand, war der damit erzielte Statusgewinn erheblich wichtiger als der Zustand seiner Lunge. Ein Mann,

abschnippen konnte, der durfte schon mit Flug und Recht erwarten, als Erwachsener behandelt zu werden.

Damals mußte eine Zigarette auch noch nicht um Verzeihung bitten. Etwa indem sie ihre wahre Natur hinter so harmlos klingenden Namen wie „Milde Sorte" oder „Kim" versteckte. Es lagen damals noch richtige Kawenzmänner in den Aschenbechern: Pall Malls, Chesterfields, Lucky Strikes (ehrfurchtgebietend in der alten grün-goldenen Packung). Am besten waren – und sind – die Camels: kräftige, qualmende Zigaretten – Amerikas Antwort auf Balkan Sobranies oder Gauloises. Seit der Einführung durch R. J. Reynolds im Jahre 1913 ist die Camel die Zigarette des richtigen Rauchers geblieben. Sie hat weder Mentholgeschmack noch Überlängen nötig. In einem Zeitalter, in dem sogar die Glimmstengel austauschbar geworden sind, haben sich Camels ihre Integrität erhalten – genau wie die Packung im handlichen Taschenformat, die exotische Nahost-Stimmung beschwört. Das Design lehnt sich übrigens, von der Plazierung der Palmen und Pyramiden abgesehen, an einen Stahlstich des Franzosen de Sèvres aus dem Jahre 1820 an. Wenn schon Rauchen, dann sollte man wenigstens etwas davon haben – im Idealfall ein gewisses weltmännisches Flair und zumindest die Aussicht auf Romantik. Die Camel-Packung besorgt uns das, ohne daß wir auch nur einen Zug zu machen brauchen. Und die filterlose Zigarette gibt einem die Möglichkeit, Dinge zu tun, die ein richtiger Raucher tun muß – zum Beispiel den losen Tabak festklopfen (sechsmal feste auf den Daumennagel) oder unauffällig den letzten Krümel von der Zunge zupfen.

eine Frau, oder der eine oder andere hustende Heranwachsende konnte mehrmals am Tag dem Tod ins Auge schauen. Wer eine Substanz, die giftig genug war, um einen zwei Zentner schweren Lkw-Fahrer umzubringen, furchtlos in sich einsaugen und dabei mit der Grazie einer balinesischen Tänzerin Asche

Keds Turnschuhe

Die schwarzen, hochschaftigen Turnschuhe von Keds sind zunächst einmal ganz normale Schuhe, preiswerte dazu, und dienen in erster Linie dem Schutz der Füße. Darüber hinaus sind sie ein festes, unverrückbares Fundament, kompromißlos und verlässlich wie das Erste Gesetz de Physik. Keds sind edel und bequem

und sehen aus, als gäbe es sie seit Menschengedenken, quasi als direktes Produkt des Schöpferakts („Es werde Keds...).

Tatsächlich könnte man meinen, Gummischuhe wären die logische Folge gewesen, nachdem Charles Goodyear um 1860 vulkanisierten Kautschuk erfunden hatte. Nun, er hätte auch genausogut Hüte vulkanisieren können. Aber wie das Schicksal so spielt kamen Ende des 19. Jahrhunderts stattdessen Schuhe aus Zeltstoff und Gummi auf den Markt. Keds tauchten erst etwas später auf, und zwar um 1917, anfangs auch nicht im vornehmen Schwarz, sondern in einem bräunlichen Ton.

Keds waren die ersten Turnschuhe, die massenweise unter die Leute gebracht wurden. Der Name ist übrigens der Prototyp spitzfindiger Marketing-Strategie. Der Name sollte ursprünglich „Ped" lauten. Aber in seinem unerforschlichen Ratschluß war U. S. Rubber der Meinung, daß dem Buchstaben „K" irgendein unerklärlicher magischer Reiz innewohnt. Der Anfangsbuchstabe wurde ausgetauscht, und das Zeitalter der Kedophilie brach an. Mag sein, daß hochgezüchtete Joggingschuhe den guten, alten Keds im Augenblick ein bißchen den Rang abgelaufen haben, aber das täuscht: Keds sind durch nichts zu ersetzen.

Der Oreo Keks

Oh, oh, Oreo!
Nabisco behauptet, es sei das populärste Plätzchen der Welt. Nun, warum auch nicht? Oreo-Kekse gibt es schon seit 1913, als sie unter dem Namen „Oreo Biscuit" ihr Debut hatten. 1921 wurden sie zunächst in „Oreo

Sandwich" umbetauft, 1948 dann in „Oreo Cream Sandwich", die augenblicklich gültige Bezeichnung.

Der Oreo ist mehr als ein Keks (und ein Keks kann etwas verdammt profundes sein!): Er ist ein Ausdruck Persönlichkeit. Sie können ihn schlicht als klassisches Sandwich verdrücken. Kenner heben allerdings die oberste Waffel ab, essen sie, schaben mit den Schneidezähnen die weiße Füllung herunter und schenken die untere Keks-Waffel irgendjemandem, den sie nicht besonders mögen. Oder man ißt zuerst die oberste Waffel und anschließend Füllung und Zweitkeks zusammen. Oder man ißt die Füllung und wirft die Kekse weg. Oder ...

Der Anspruch des Oreo auf Quintessenz ist geheimnisvoll und ungesichert zugleich. Das zeigt der Reinfall, den Nabisco mit dem aufgewerteten „Oreo Double Stuff" erlebte, dem „Weißen Hai, zweiter Teil" unter den Plätzchen. Die weiße Creme-Füllung wurde doppelt so dick aufgetragen und bewies einmal wieder, daß weniger oft mehr ist. Der Original-Oreo, mit zwei Keks-Waffeln und nur einer Lage Füllung, verwirklicht glänzend die Grundforderung an einen Keks: Er muß förmlich danach verlangen, in ein Glas Milch getunkt zu werden.

Das Mont Blanc Meisterstück No. 149

Wenn Sie Ihre Seele schon dem Teufel überschreiben, dann tun Sie's wenigstens mit einem Schreibgerät, das dem Anlaß würdig ist: Dem Mont Blanc „Meisterstück No. 149" – auch als der „Diplomat" bekannt. Wenn die Feder wirklich mächtiger ist als das Schwert, dann kann es sich dabei eigentlich nur um den Diplomaten

Feder aus 14karätigem Massivgold mit der eingravierten Zahl 4810 – die Höhe des Mont Blanc in Metern.

Überlegen Sie nur was das für ein Unterschied ist, ob Sie eben kurz mal auf den Stummel eines Kugelschreibers drücken, oder ob Sie langsam die Kappe von einem Diplomat abschrauben, sie am anderen Ende aufstecken, um dann, wie der Hersteller sagt,

in einer Geste „klassischer Nachdenklichkeit" zu verharren. Wenn Ihr Bankdirektor da nicht bereit ist, Ihren Kreditrahmen zu erhöhen, dann hat der Mann keine Ahnung von Stil. (Noch größer ist die Wirkung dieses gestrengen Offiziersstöckchens auf Untergebene; sie kriechen förmlich!)

Die Firma Mont Blanc begann 1908 damit, Füllfederhalter wie den Diplomat herzustellen, weil der Chef des Unternehmens, ein gewisser Herr Dzianbor, es satt hatte, mit einem Tintenfaß durch Deutschland zu reisen. Das waren die Goldenen Zeiten der Handschrift, als die Schreibmaschine noch als ein relativ vulgäres Hilfsmittel angesehen wurde und niemand von der brutalen Parodie des Schreibens träumte, die heute „Textverarbeitung" heißt. Mit einem stolz gereckten Diplomat brauchen Sie sich auch heute um derartiges nicht zu kümmern.

handeln. Alles an ihm ist eindrucksvoll: der pechschwarze Schaft, groß wie eine Granathülse, das sechs-
zackige Markenzeichen, das einen schneebedeckten Gipfel darstellen soll (und das bei den Füllern fehlt, die
in arabische Länder verkauft werden, weil es an den Davidstern erinnert), vor allem aber die wichtige

Reizwäsche von Frederick's of Hollywood

Sie brauchen nur den Katalog aufzuschlagen, und schon sind Sie mittendrin in einer Welt, die es niemals gab. Die Glamourgirls mit Oberweiten wie Dolly Parton und Frisuren wie Barbie-Puppen sehen aus, als wären sie Comic-Heftchen aus den Fünfzigern entschlüpft. Tatsächlich gibt es Frederick schon seit 1946, und die

„sünd-sationellen" Illusionen, die er damals kreierte, sind seither von jedem weltanschaulichen Wandel unberührt geblieben. Alles, was Frederick Mellinger ersinnt, bestätigt seinen Ruf: Er ist frech, frivol und völlig veraltet. König Frederick herrscht über ein Reich, dessen Einwohner noch nie das Wort „Feminismus" gehört haben – und wenn sie es täten, fiele ihnen vermutlich nur die tumbe Frage ein: „Ja, warum denn?" Reizwäsche von Frederick soll, wie er selbst sagt, „so sein, wie ein *Mann* eine Frau gerne sehen möchte, und wie eine *Frau* sich gern im Spiegel sieht." Eine Hälfte seiner Annahme ist übrigens wohl korrekt, und darauf hat er inzwischen ein Unternehmen mit mehr als 50 Millionen Mark Umsatz begründet. Es gibt

mittlerweile 117 Frederick's-Filialen in Amerika, aber die beste ist sicher das schwülstige Konzern-Hauptquartier am Hollywood Boulevard. Das große Geschäft macht Frederick aber mit seinem Versandhandel. Der Katalog lockt verführerisch: „Überraschen Sie ihn", oder: „Geben Sie sich ein Herz und werden Sie das Mädchen seiner Träume". Lüsterne Unschuld, Idee von Hefner, Ausführung von Disney. „Das ,Non-Plus-Ultra'... mit dem Wunder-Lift-Plateau hebt das Gesäß und bringt es voll zur Geltung". Oder: „Der Cadillac' bringt auch den kleinen Busen nach oben mit dem ,Hoch und rein' Zweiweg-Drucksystem für ein tiefes, betörendes *Dekolleté*."

Es gibt bei Frederick Oberteile in jeder erdenklichen Form und Farbe. Es gibt Korsette, brustwarzenfreie BHs, und Höschen mit offenem Schritt. Sie bestehen aus Spandex, Lurex, Trikotage, Lamé (wahlweise in Silber oder Gold), und Maribu-Federn. Frederick's wäre alleine in der Lage, aus dem Maribu eine gefährdete Art zu machen. Nun, andererseits tut er alles, was in seiner Macht steht, um eine andere ungemein gefährdete Art zu schützen: das Sex-Kätzchen...

Die Flexi-Feder

Technisch gesehen ist sie eine Feder mit null Kompression und null Spannung. Darüber hinaus demonstriert sie zwei physikalische Grundprinzipien: das Hookesche Gesetz, wonach ein fester Körper seine unter äußerer Krafteinwirkung veränderte Form nach Aufhören dieser Krafteinwirkung wieder annimmt, sowie Newtons

Trägheits-Gesetz, wonach ein Körper im Zustand der gleichförmigen, geradlinigen Bewegung verharrt, solange er nicht durch von außen wirkende Kräfte zur Richtungsänderung gezwungen wird. Richard James, der der Flexi-Feder auf die Sprünge half, war Marine-Ingenieur, und kannte diese physikalischen Gesetze natürlich ganz genau. Irgendwann experimentierte er mit Federn auf der Suche nach einer Methode herum, empfindliche Navigationsgeräte vor schlingernden Schiffsbewegungen zu schützen. Und siehe da: Eines Tages fiel eine dieser Federn vom obersten Fach auf ein Bücherregal. Während James staunend zusah, ergoß sich die Feder Spirale für Spirale über die Bücherreihen hinunter und landete schließlich auf dem Boden. Überlaufendes Badewasser, ein Apfel auf die Birne, eine herunterfallende Feder – wenn Sie zur richtigen Zeit am richtigen Ort sind, können Sie eine Menge interessanter Dinge entdecken.

Die kleine Entdeckung der animierten Spiralfeder war für die Vierziger das, was Rubik's Würfel für die Siebziger wurde. Aber anders als Würfel, Hula Hoop oder Frisbee setzt dieses Spielzeug keine besondere geistige oder körperliche Gelenkigkeit voraus. Halten Sie nur mal die beiden Enden einer Flexi-Feder in Ihren Händen und schaukeln Sie sie hin und her. Der Bogen spannt sich dabei sachte, während Sie den fließenden Rhythmus der Federmechanik genießen. Es ist, als würde man ohne Risiko jonglieren. Oder heben Sie eine Hand hoch und erleben Sie, wie die Flexi plötzlich zur tieferliegenden Seite hinüberperlt, bis sie auf einmal ganz in sich zusammenfällt. Solcher Lustgewinn ist übrigens nur mit der Stahl-Feder zu erzielen; die vielfarbige Plastik-Version mag zwar als Kinderspielzeug sicherer sein, aber ihr fehlt das Gewicht und der Bewegungsfluß des Originals.

In Amerika heißt die Flexi-Feder „Slinky Toy" ein Name, den ihr die Ehefrau des Erfinders, Betty James, gab. „Slinky" bezeichnet eine Bewegung, die verstohlen und verdächtig aussieht. In Wirklichkeit bewegt sich das Ding mit einer plumpen Erhabenheit die Treppe hinunter, die eher an Gert Fröbe erinnert. Das Purzeln der Feder von einem Stockwerk zum nächsten ist so faszinierend wie ein Regentropfen, der zögernd eine Fensterscheibe hinunterrinnt. Kein Erwachsener würde sich natürlich je eine Flexi-Feder kaufen, aber warten Sie mal ab, bis Sie per Zufall über eine stolpern (oder sie für ein Kind zu Weihnachten kaufen) – Sie kommen von dem Ding einfach nicht mehr los.

Die braune Papiertüte

Vergessen Sie den internationalen Stil. Im Vergleich zur klassischen Schlichtheit der braunen Papiertüte wirkt sogar das BMW-Gebäude hoffnungslos barock. Die verschwenderische Schönheit des verwendeten Rohstoffs ist eine eloquente Wiederbestätigung der wunderbaren Eigenschaften von Papier, das bekanntlich

ebensoviel angenehm griffig sein kann wie das feinste Rives Arches. Picasso malte sogar darauf. Saul Steinberg hat daraus eindrucksvolle Masken gemacht. Und jeder, der in Amerika eine Stulle mit ins Büro nimmt, benützt dazu die braune Papiertüte. Oder anders ausgedrückt: Was die Plastiktüte für den Deutschen ist dem Amerikaner seine „brown paper bag".

Die hier abgebildete Tüte ist die Nummer 6 der Firma „Union Camp Tiger". Wir haben sie zum Teil wegen der feinen Papierqualität ausgewählt und zum Teil wegen des Schneids, der aus ihrem Namen spricht. Der wichtigste Grund ist aber, daß einer der Autoren jahrelang gegenüber der Fabrik gewohnt hat und daß er sich in dieser Zeit auf geradezu perverse Art in den Geruch verliebt hat, den sie bei ihrer Entstehung abgeben.

Abgesehen von ihrer Architektur ist die Fähigkeit, nach längerer Verwendung immer noch wie neu auszusehen, eine der erfreulichsten Eigenschaften dieser braunen Tüten. Mit jedem Einsatz wird das Papier seidiger, und das individuelle Muster von Flecken auf der Tüte verleiht ihr eine ganz eigene Patina. Eine braune Papiertüte wegzuwerfen wäre nicht nur eine Verschwendung, sondern eine Kulturschande.

Der Milk-Bone Hundekuchen

Alles kann in Mode ausarten, auch Haustiere. (Haustiere ganz besonders sogar; ein findiger Kopf verkauft Kieselsteine – sogenannte „pet rocks" – als Haustiere.) Der Lhasa war eine zeitlang „in", dann der Sloughi, inzwischen wohl der Yorkshire Terrier. Aber selbst wenn mit Ihrem Hund kein Staat zu machen ist, kann er

mittlerweile doch ein richtig tolles Hundeleben führen. Er kann in einem der neuen Hunde-Hotels absteigen, zu einem Hunde-Therapeuten gehen, und über kurz oder lang wird man ihm auch Hunde-Feinkost vorsetzen können (Bernhardiner-Nahrung von Bocuse, Karl Lagerfeld für Collies). Der einzige, der jedem Trend die Stirn zu bieten wagt, ist der Hundekuchen in Knochenform: Den wird es immer geben.

Als Erfinder gilt die F. H. Bennet Biscuit Company, eine kleine Bäckerei im Lower East Side von New York, die im Jahre 1908 ihre „Milk-Bones" auf den Markt brachte. Sie sehen so aus, wie ein Knochen aussehen sollte, es aber nie tut. Als der Großkonzern National Biscuit Company (Nabisco) die Firma Bennet 1931 übernahm, waren Hundekuchen so ziemlich das Letzte, an das man dachte. Aber wie das Leben so spielt: Alles in Bennets Produkt-Palette ging vor die Hunde – bis auf die Hundenahrung. Nabisco verkaufte Milk-Bones ursprünglich als „Hunde-Nachtisch", beziehungsweise als „nahrhafte Zwischenmahlzeit für Hunde". Aber der Siegeszug von Milk-Bones begann erst, als man feststellte, daß sie den Hundeatem wesentlich besser riechen lassen. Und da können nun nicht einmal echte Knochen mithalten.

Das Offshore-Rennboot „Cigarette Hawk"

Die „Cigarette" ist lang und schlank, aber das ist es nicht, was ihr den Namen einbrachte. Kokain-Schmuggler werfen eine Cigarette nach Gebrauch weg, als einmalige, nichtabzugsfähige Betriebsausgabe von so um die 250.000 Mark, aber das ist es auch nicht. Den Namen trug zu Zeiten der amerikanischen Prohibition ein

Die Cigarette Hawk ist ein kompromißloses Boot. Sie ist ungefähr zwölf Meter lang, und die beiden „Hawk 500" Rennmotoren treiben sie lässig auf über 120 km/h. Mit diesem Wettkampf-Gerät, dem Bade-wannen-Spielzeug des inter-nationalen Jet-Set, können Sie Rennen fahren und sonst gar nichts – weder sonnenbaden, noch Pina Coladas schlürfen. Trotz fortschrittlichsten Rumpf-Designs und dem gezielten Einsatz exotischer Kunststoffe ist die Cigarette eine der ein-fachsten Bootskonstruktionen der Welt geblieben. Abgese-hen vom gelegentlichen nächtlichen Abstecher in den Rauschgiftschmuggel ist das einzige, was ein solches Ding kann, fast kindlich einfach: er-wachsene Männer durch die Luft fliegen lassen. Stellvertre-tend für die rund tausend er-wachsenen Männer, die einen solchen fliegenden Glimm-stengel ihr Eigen nennen, seien König Hussein von Jordanien, König Juan Carlos von Spa-nien und US-Vizepräsident George Bush genannt. Ach ja, und natürlich auch die ameri-kanische Küstenwache …

legendäres, superschnelles Schmugglerboot in der Gegend der Sheepshead-Bucht von New York. Don Arrow, der die erste Cigarette 1969 entwarf und damit in einem Jahr neun von elf Offshore-Rennen, bei denen er gestartet war, gewann, übernahm den Namen in der Hoffnung, daß es ihm Glück bringen würde.

Silly Putty

So einfach, und doch so vielseitig: Sie können Silly Putty wie Knetmasse in die Länge ziehen. Sie können Bilder aus einem Comic-Heftchen oder einer Tageszeitung abziehen und durch leichtes Drücken oder Ziehen die komischsten Verrenkungen machen lassen. Sie können es kneten und formen. Sie können es auch wie einen

Ball hüpfen lassen – richtig hoch übrigens, denn die Rückprall-Energie ist rund 25 Prozent größer als bei einem herkömmlichen Hartgummiball. Sie können es sogar mit einem gezielten Hammerschlag in tausend Stücke zerspringen lassen. Soweit, so gut. Was aber fast noch schöner ist (weil man es nicht erwartet): Sie können es abbrechen. Mit einem kurzen Ruck bricht es entzwei, und hinterläßt zwei glatte, gleichmäßige Kanten.

Jeder hat seine eigene Art, mit Silly Putty zu spielen: Man kann einen wackelnden Tisch damit stabilisieren, Schreibmaschinen-Typen säubern oder Fusseln vom Jackett entfernen. Im Grunde aber ist es die völlige, absolute Nutzlosigkeit, die am Silly Putty so begeistert.

Genau diese Eigenschaft macht Silly Putty zu einem der verwirrendsten wissenschaftlichen Durchbrüche der Gegenwart, wiewohl die Zeit dafür einfach niemals reif zu sein schien. Zu Beginn des Zweiten Weltkriegs brauchten die amerikanischen Streitkräfte dringend irgendeine Form von synthetischem Gummi, und man machte verschiedenen Firmen den Vorschlag, es doch mal mit Silikon zu probieren. James Wright, ein Ingenieur bei General Electric, wollte offenbar im Laufe einer Unterhaltung irgendetwas beweisen, und warf einfach eine Handvoll Borsäure in eine

Wanne, die mit Silikonöl gefüllt war. Zu seiner freudigen Überraschung polymerisierten die beiden Stoffe sofort. Er nahm das gräuliche Resultat in die Hand und warf es überschwenglich auf den Boden. Unter allgemeinem Staunen sprang es wie ein Ball in der Gegend herum. Keine Frage: Wright hatte eine große Entdeckung gemacht. Aber was war es bloß? Nun, es ist bezeichnend, daß kein Mensch es bisher für nötig gefunden hat, ein Patent auf das Zeugs zu beantragen. Es geisterte nur jahrelang als „hüpfender Kitt" durch die Labore, ohne daß jemand eine sinnvolle Verwendung dafür gewußt hätte.

1945 schickte GE Proben an mehrere bekannte Wissenschaftler – ohne Erfolg. Ein echter Marketing-Mann (Peter Hodgson) mußte her, um zu erkennen, daß hier ein herrliches Spielzeug steckte. Er verpackte es in Plastik-Eiern (noch ein genialer Geistesblitz) und verkaufte sie für einen Dollar das Stück. Wenn Sie mal so richtig abschalten und eine Welt verlassen wollen, in der alles irgendeine Funktion erfüllt, dann besorgen Sie sich einfach ein bißchen von diesem wunderbaren, dehnbaren, zerbrechlichen, unverwüstlichen, hüpfenden, völlig überflüssigen und völlig unnachahmlichen Knetgummi.

Crayola Malstifte

Der Anblick der wohltuend vertrauten, gelb-grünen Crayola-Packung wird bei fast jedem erwachsenen Amerikaner ein Gefühl nostalgischer Wehmut erzeugen. Malstifte sind ein Teil der Kindheit. Und bei Crayola sind die Farben kräftig und *stimmig*. Rot ist rot – nicht orange oder pink. Grün ist grün – nicht khaki oder

tannengrün. Das Braun ist ideal für Haare oder Bäume, das Gelb ist sonnig, und das Purpur genau das richtige für eine Königsrobe. In das Orange möchte man am liebsten hineinbeißen. Sie können damit zarte Pastelltöne erzeugen, wenn Sie leicht schraffieren. Sie können aber auch satte Vollfarben hinkritzeln – keine bleichen Wachsfarben wie bei manchen anderen Stiften. Was kann es schöneres geben als den Deckel einer neuen Crayola-Schachtel zurückzuschlagen und zu sehen, wie spitze Stifte in allen Farben säuberlich Spalier stehen?

Crayolas bestehen aus vier Zutaten: Pigmentstoffe, Paraffin, Papier und Talgsäure, einem Abfallprodukt der Fleische-

reien. Der Preis für eine Schachtel Crayolas könnte deshalb theoretisch mit den Hackfleischpreisen schwanken. Crayola ist eine Kombination aus den Worten „crayon" (englisch für „Malstift") und „ola", das sich aus „Oleum" (lateinisch für „Öl") ableitet. Den Namen erhielten sie von Laice Binney, einer Volksschullehrerin und Ehefrau von Edwin Binney. Edwin war es, der (mit sanftem Druck von seiner Gattin) die Formel für Ölstifte erfand. Und es war Edwin, der die Idee hatte, verschiedene Farben in Packungen zu je 8, 16 oder 24 zu vertreiben. In unserer unendlich verbesserlichen Welt ist es heute natürlich möglich, Schachteln zu 64 Stück (eine beängstigende Vorstellung), oder riesige Jumbo-Stifte zu kaufen. Es gibt sogar – falls Sie sich sowas vorstellen können – nichtrollende Crayolas mit abgeflachter Spitze. Aber das muß ja alles gottlob nicht sein. Ganz normale Crayola-Stifte gehören zu den billigsten und befriedigendsten Investitionen, die Sie machen können.

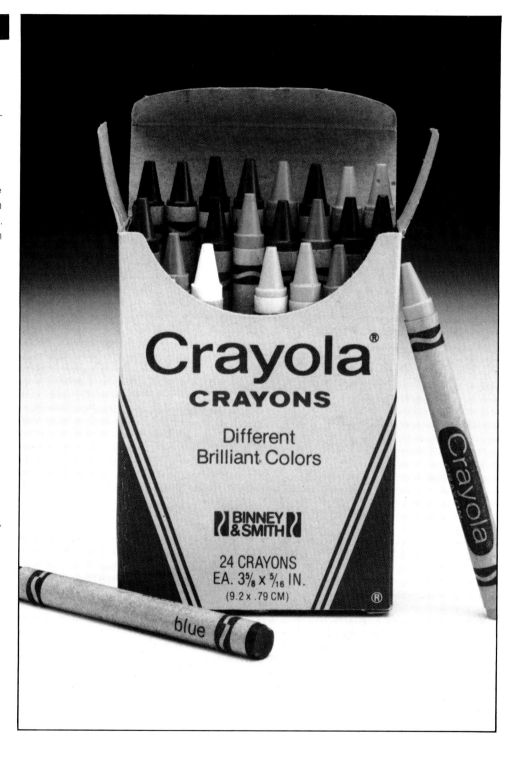

Das Harley-Davidson „ElectraGlide" Motorrad

Ein Techniker wird Ihnen sagen, daß ein Zweizylinder heute überholt sei. Ein Geschwindigkeitsfanatiker wird Ihnen sagen, daß jeder Japaner oder BMW ihn abhängt. Widersprechen Sie nicht: Die Leute würden ohnehin nie verstehen, daß jeder Mann in Wirklichkeit auf den Straßen seiner Seele eine Harley spazieren-

und bildete den Vorläufer der heutigen massiven 1300er ElectraGlide.

Irgendwo unterwegs kamen ein paar Annehmlichkeiten hinzu. 1941 wurden obenliegende Ventile mit dem neuen Zylinderkopf eingeführt; in den Fünfzigern und Sechzigern hydraulische Federbeine und ein elektrischer Starter (das alles, ohne daß es die Laune amerikanischer Motorradpolizisten, die darauf herumfahren, nennenswert verbessert hätte). Die ElectraGlide fährt sich wie ein Straßenkreuzer und reflektiert – im Gegensatz zu den kleinen, aggressiven Maschinen der wilden Reiter im Lederkombi – grundsolide Bürgerlichkeit. Dennoch hat sie sich ihren ursprünglichen Elan erhalten: Wenn sie mit Vollgas vorbeibraust, hört es sich an, als würde ein Dinosaurier gurgeln.

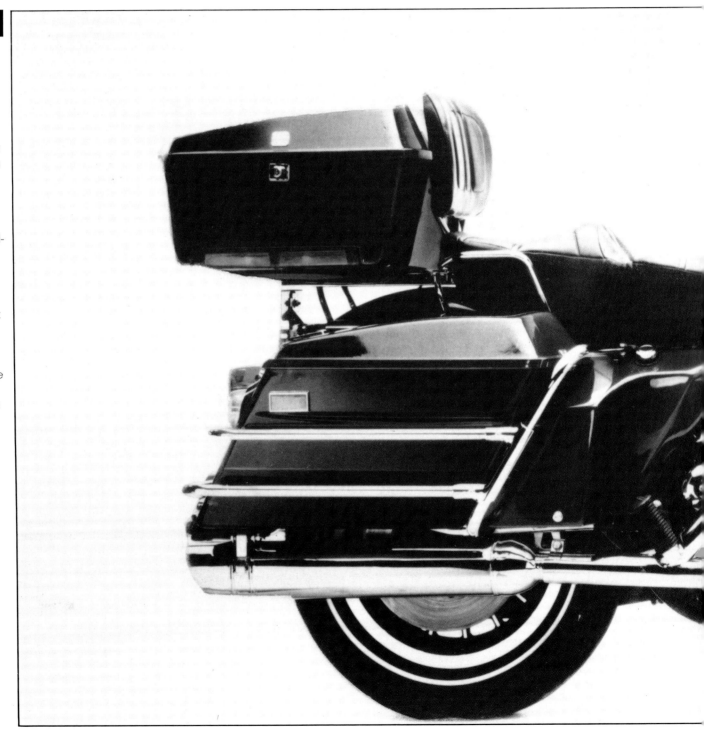

fährt.　　　□ Vor mehr als 70 Jahren bauten William Harley und die drei Davidson-Brüder ihren ersten V-Zweizylinder „1000er" – und schufen damit ein Grundmodell, von dem bis heute nicht abgewichen wurde. Um 1922 verließ das erste Modell „JD" mit 1200 ccm Hubraum die Motorrad-Schmiede in Milwaukee

Das Zippo-Feuerzeug

In einer müden Welt, in der charmelose Butan-Sticks die Zigaretten schuldbewußter Raucher anzischeln, ist das hochästhetische Zippo-Basismodell 200 ein unverblümter Augenschmaus. Das fängt schon mit dem absolut unverwechselbaren „Katschung!" beim Öffnen des Deckels an, geht über das betörende Aroma

verdunstenden Benzins weiter bis zur weichen, bläulich-gelben Flamme. Ja, das Zippo ist ein Kunstwerk, fürwahr.

Das schnörkellose Gehäuse könnte von Mies van der Rohe stammen, ist aber in Wirklichkeit eine Schöpfung von George G. Blaisdell, Chef der Blaisdell Oil Company in Brandford, Pennsylvania. Er verbesserte 1932 ein österreichisches Armeefeuerzeug und eröffnete damit das Zeitalter des modernen Rauchens. Blaisdell war derartig überzeugt von seinem Produkt, daß er versprach, jedes kaputte Zippo kostenlos zu reparieren – egal was damit passiert war. Das Angebot gilt immer noch, mit dem Ergebnis, daß jedes Jahr eine halbe Million Feuerzeuge zum Restaurieren nach Bradford geschickt werden – was angeblich in spätestens 48 Stunden erfolgt.

Und was die Fähigkeit anbetrifft, die Phantasie zu beflügeln, gibt es sowieso nichts, was dem Zippo das Wasser reichen könnte. Zünden Sie sich bei steifem Wind eine knisternde Camel an, und schon können Sie träumen, wovon Sie wollen: Tobruk, Bombengeschwader, Casablanca, Bogies Lippen, Ingrids Augen...

Die „Santos" von Cartier

Im Jahre 1904 beschwerte sich der kühne brasilianische Flieger Alberto Santos-Dumont, dessen zigarrenförmiges, gasgefülltes Luftschiff gerade allen Konkurrenten bei Flugrennen in Europa davonflog, über die Tatsache, daß er beim Steuern ständig seine Taschenuhr hervorkramen müßte. Ein paar Monate

später löste Cartier das Problem mit der ihm eigenen Eleganz und schickte Santos eine Miniatur-Uhr mit einem Lederstraps, der um das Handgelenk paßte. Man kann darüber streiten, ob dies wirklich das erste Mal war, daß einer eine Uhr am Arm getragen hat, aber die Santos ist sicher die erste Uhr, die extra dafür gebaut wurde. Und ebenso sicher ist, daß keine andere Uhr seitdem soviel für die Handgelenke getan hat, an denen sie hing.

Die Santos ist alles, was ein wahrer „Zeitmesser" sein soll. Das formschöne Gehäuse und die nüchternen römischen Zahlen sind dem Ernst der Aufgabe angemessen, nämlich festzuhalten, wie der Faden unseres Lebens abgespult wird. Die stete Drehung stahlblauer Zeiger symbolisiert das Wesen der Zeit selbst, und das Fehlen eines Sekundenzeigers soll uns vergessen lassen, wie schnell wieder eine Minute vorbei ist. Die Santos zieht sich weder automatisch auf, noch steckt im Innern ein Quarzkristall – sie arbeitet heute genauso wie ihr Schöpfer sie schuf. Die Uhr braucht uns deshalb ebenso wie wir sie brauchen. Die Santos ist nicht halb so modisch wie ihre modernen Vettern aus dem Hause Cartier. Aber wenn schon Zeit vergeht – dann bitte so. A votre Santos!

Coppertone Sonnenschutz-Lotion

Diese Zauberflüssigkeit, die uns braun statt rot werden läßt, war die Idee eines gewissen Dr. Green – Ben Green, um genau zu sein. 1944 braute er eine Schutzsalbe für Marineflieger zusammen, die über dem Pazifik abgeschossen wurden. Seine Lotion ersetzte das bis dahin gebräuchliche Petrolatum, gemeinhin Wagen-

und Coppertone ist heute weltweit die meistverkaufte Sonnenschutz-Lotion. Nun gibt es aber zwischen Dr. Greens Elexir und Achsenfett noch ein paar mögliche Abstufungen (eine Mischung aus Babyöl und Jod ist das klassische Präparat junger Sonnenanbeter zur Brandbekämpfung), also warum gerade Coppertone? Die Antwort ist einfach und hat nichts mit Sonnenschutz zu tun: Es geht um den Geruch, dieses herrlich betörende Aroma, das sofort die Laune hebt. Unter den Sonnencremes ist sie die Muschel, in der man das Meeresrauschen hört, wenn man sie ans Ohr hält. Die Leute, die das Zeugs zusammenbrauen, behaupten zwar, Jasmin-Extrakt sei für den Geruch verantwortlich, aber da muß noch etwas anderes sein: eine geheime Essenz aus heißem Sand, Salzwasserduft, endlosen Feiertagen und den Lebenssäften pubertierender Teenager.

schmiere genannt. Es gibt natürlich bessere Methoden, braun zu werden, als sich abschießen zu lassen, und Dr. Green stellte Coppertone nach dem Krieg in den Dienst der amerikanischen Volksbräunung. Sein Slogan: „Sei kein Bleichgesicht!"   ☐ 1957 verkaufte er seine Firma an den Plow-Konzern in Memphis, Tennessee,

Der Goodyear-Zeppelin

Es gibt zwei Himmelserscheinungen, nach denen jeder den Kopf reckt: Wenn ein Flugzeug ein Werbebanner hinter sich herzieht, und wenn der Goodyear-Zeppelin mit der natürlichen Grazie eines Elefanten zwischen den Wolken vorbeischwebt. Der große, graue Zeppelin, der in der Form eher an eine Bombe als an ein

schwebend. Sie sind riesig, diese grauen Prall-Luftschiffe, wirken aber trotzdem nie bedrohlich, sondern zauberhaft und unwirklich, mit jener behäbigen Fremdartigkeit, die keine Angst entstehen läßt, nicht einmal bei kleinen Kindern. Es gibt insgesamt vier Goodyear-Zeppeline – die „Europa" in Europa, sowie drei in den Vereinigten Staaten. Die „America" ist in Houston stationiert, die „Enterprise" in Pompano Beach und die „Columbia" in Los Angeles. (Falls Sie's immer noch nicht gemerkt haben: Goodyear nennt seine fliegenden Werbeträger nach Schiffen, die den America's Cup gewonnen haben).

Hier ein paar technische Daten über sogenannte „unstarre Luftschiffe": Sie haben eine Reisegeschwindigkeit von ungefähr 60 Stundenkilometern und eine Höchstgeschwindigkeit von etwa 80. Sie fliegen in Höhen zwischen 300 und 1000 Metern (können allerdings bis über 3000 Meter steigen). Sie können fast eine Woche lang täglich acht Stunden im Einsatz sein und verbrauchen dabei ungefähr soviel Sprit wie ein Jumbo, wenn

sie einmal vom Abstellplatz zur Startbahn rollt.

Luftschiffe sehen furchtbar einfach aus, reisen aber wie alle großen Stars mit riesigem Gefolge. Jedes von ihnen hat vier Piloten, 16 Mechaniker und einen eigenen PR-Mann. Die fahren in vier Begleitfahrzeugen hinterher – eine Limousine, ein Kleinbus (bis zu sechs geladene Gäste können mitreisen), ein Sattelschlepper als Werkstattwagen und ein eigens dafür entwickelter Omnibus, der als fahrbare Flugkontrollstelle dient. Seit der Sache mit dem Starr-Luftschiff „Hindenburg" haben Zeppeline insgesamt eine ziemlich schlechte Presse bekommen, aber in Wirklichkeit fliegen solche unstarre Luftschiffe ohne nennenswerte Zwischenfälle seit 1917.

Luftschiffe gehören einer längst vergangenen Welt an, als Entfernung und Zeit ganz andere Größen waren, als eine Fahrt in ein entferntes Land mit Fortbewegung über Land und See verbunden war oder durch die Luft in einem Tempo, das einem das Gefühl gab, weit gereist zu sein. Reisen war damals noch ein Abenteuer, und der Anblick eines Goodyear-Zeppelins am Horizont versetzt einen für ein paar winzige Augenblicke zurück in jene Zeit, die keine Schallgrenze kannte.

Luftschiff erinnert, ist immer eine Überraschung, und immer wieder erstaunlich. Selbst wenn man weiß, was ihn da oben hält (rund 6000 Kubikmeter nichtbrennbares Helium), ist er doch immer wieder ein rätselhafter Anblick, ein gutmütiges Ungeheuer, langsam von einem unbekannten Ort zu einem unbekannten Ziel

Bean Maine Jagdstiefel

Es gibt schon große Ähnlichkeit zwischen einem australischen Schnabeltier und einem Bean Jagdstiefel: Beide haben viele völlig unterschiedliche Eigenschaften. Das stabile Schuhwerk sieht aus, als wäre es von einem Komitee zusammengestellt worden, das sich nicht einigen konnte. Aber wie das Schnabeltier, das

einer Ratte mit Entenschnabel ähnlich sieht, ist der Bean-Stiefel absolut lebenstüchtig. Er tut, was von ihm verlangt wird, und das bestens. Außerdem erinnert sein ungewöhnlicher Anblick daran, daß Schönheitsbegriffe durchaus situationsabhängig sein können. Der Zwitter aus Gummi und Leder – ein wildnisgerechter Stil, den inzwischen auch die Modemacher entdeckt haben, und der folglich in keiner Disco-Garderobe fehlen darf – ist sowohl historisch wie weltanschaulich schuld am Aufstieg der Firma L. L. Bean's zum Mekka amerikanischer Frischluft-Fanatiker.

Bevor es den Stiefel gab, gab es nur den Herrenausstatter Ervin Bean in Freeport im US-Bundesstaat Maine. Sein kleiner Bruder Leon Leonwood Bean verkaufte dort Hemden und Overalls, und das Leben wäre sicher wunderbar gewesen, wenn Leon nur ein anständiges Paar Stiefel für seine Jagdausflüge gehabt hätte. Aber Gummistiefel waren ihm zu kalt, und Lederstiefel wurden mit der Zeit immer spröde und wasserdurchlässig. So um 1910 erfand Leon mit seinem typischen Yankee-Sturschädel einen eigenen Lederstiefel mit eingebautem Gummi-Überschuh. Seine komische Erfindung hielt Beans Füße trocken und warm, also gab er hundert Paar davon beim örtlichen Schuhmacher in Auftrag und verkaufte sie per Direktversand an Jagdschein-Inhaber. Neunzig Paar davon fielen innerhalb von kürzester Zeit auseinander, und Bean nahm ein Darlehen auf, um die Reklamationen zu bezahlen. Außerdem holte er sich Hilfe vom Gummi-Giganten U. S. Rubber, der einen neuen Prototypen entwickelte. Er funktionierte – und funktioniert heute noch. Der Bean-Katalog mag zwar inzwischen auch schon voller modischem Schnickschnack stecken, aber die Stiefel sind geblieben, kompromißlos und unverbesserlich. Und komisch – wie das Schnabeltier.

Green Giant Erbsen

Es gibt es tatsächlich, das Tal des fröhlichen Grünen Riesen. Es handelt sich um das Minnesota-Tal, das erstmals vom Franzosen Pierre Charles Le Seuer erforscht wurde. Die Minnesota Valley Company wurde 1903 zwar in der Absicht gegründet, Mais-Konserven herzustellen, aber im Jahre 1907 beschloß man, auch Erbsen

mit ins Programm aufzunehmen. Damals waren die Frühsommer-Erbsen, die im Juni reif werden, besonders beliebt, weil sie klein, gleichmäßig und rund waren. Die neue Firma wollte aber versuchen, eine noch süßere englische Erbsen-Art zu vermarkten, die viel größer, dafür aber länglich und voller Runzeln war. Ganz klar, daß die Sorte „Prince of Wales-Erbsen" naserümpfend abgelehnt wurde.

Die Firma schaffte es nicht, die neuen Erbsen an einen ihrer Privatkunden zu verkaufen, also beschloß man, sie unter der Eigenmarke „Green Giant" auf den Markt zu bringen. Der Name „Grüner Riese" wurde aber offiziell als Bezeichnung für den Inhalt aufgefaßt und konnte deshalb nicht urheberrechtlich geschützt werden. Also mußte ein echter Grüner Riese her: Die Figur auf dem

Etikett galt als Markensymbol und wurde zum Patent zugelassen. Der ursprüngliche Grüne Riese war in Wirklichkeit ein weißes Hutzelmännchen in einem Bärenfell. Erst der geniale Leo Burnett schaffte es, ihn in den fröhlichen grasgrünen Supermann zu verwandeln, der heute die Dose ziert.

Das beste an diesem überlebensgroßen Gemüse – sieht man davon ab, daß es leichter ist, es auf die Gabel zu bekommen – ist die Tatsache, daß nie eine schlechte Erbse darunter ist. Unvollkommene Exemplare werden vorher eliminiert, und zwar nach einer kinderleichten Methode, auf die der Hersteller erst 1933 stieß. Offenbar schwimmen zarte Erbsen im Wasser, während ausgewachsene (sprich: geschmacklose) sinken. Außerdem werden Green Giant Erbsen tatsächlich, wie es in der Werbung heißt, „im Augenblick der Perfektion" gepflückt. Ein Gerät namens „Zartometer" mißt die Kraft, die nötig ist, um eine Erbse zu durchschneiden. Sobald ein bestimmtes Feld laut Zartometer so weit ist, werden die Erbsen sofort geerntet und kommen binnen drei Stunden in die Dose. Das ist der Grund, weshalb jede einzelne von ihnen auf der Zunge zergeht. Noch ein paar Erbsen, bitte!

Der Frisbee

Wenn die Atombombe tatsächlich die bedeutendste Erfindung in unserem allzu-bedeutenden Jahrhundert ist, dann ist der Frisbee die perfekteste. Die Plastik-Scheibe ist einfacher und schöner und fliegt graziöser durch die Luft als alles, was Menschenhand bisher geschaffen hat. Wer zu Tiefgründigkeit neigt, könnte jetzt

über Jung'sche Religionssymbolik grübeln – Mandalas, Sonnenscheiben, Sie wissen ja schon ... Das große Geheimnis seiner Funktion ist aber, daß der Frisbee einfach Spaß macht.

Der technologische Kraftakt, dem der Frisbee seine Entstehung verdankt, wurde vom Kalifornier Walter Frederick Morrison eigenhändig unternommen – so will es jedenfalls die Legende. Der soll sein Ein-kommen in den Fünfzigern damit aufgebessert haben, daß er auf Jahrmärkten „unsichtbare Drähte" vorführte, und zwar indem er ein rundes Küchenblech in die Luft warf und die Flugbewegungen scheinbar über den unsichtbaren Draht fernsteuerte. Innerhalb kurzer Zeit sah sich Morrison allerdings gezwungen, aus Sicherheitsgründen auf Plastikscheiben umzusteigen.

Die Firma Wham-O in San Gabriel, Kalifornien, kaufte Morrison eine Lizenz für die Scheibe (nicht für den Draht) ab, und im Laufe der Jahre erschienen nacheinander der „Pluto Platter", der „Sailing Satellite", der „Sputnik", die „Fliegende Untertasse", und schließlich der magische, schmucklose, makellose Frisbee, das Wurf-Gerät par excellence. Die Firma verkauft zwar inzwischen Frisbees in verschiedenen Größen und Gewichtsklassen, aber das 20 Zentimeter große Grundmodell ist alles, was Sie brauchen. An einem heißen Sommertag im Schwimmbad oder am Strand ist der Frisbee beinah allgegenwärtig. Seit dem Tag im Jahre 1957, als Morrison und Wham-O den Bund fürs Leben schlossen, ist der Frisbee ein kleines, unumstrittenes Wunderwerk in unserem alles andere als wunderbaren technologischen Zeitalter geblieben.

Der englische Bullterrier

Möglich, daß im Grunde *alle* Hunde quintessentiell sind, da es sich schließlich um natürliche Lebewesen handelt. Aber in Wirklichkeit sind Rassehunde keineswegs natürlich, sondern ein weiteres Ergebnis menschlichen Pfuschens ins Handwerk der Natur. Was ein Hund aus purem Vergnügen machen würde, ist für den

Züchter eine ernste Angelegenheit, die er „kreuzen" nennt. Und die unüberschaubare Hundeschar von heute, vom Chihuahua bis zum Irischen Wolfshund, zeugt davon, wie wechselhaft Züchter sind. Wenn man doch nur gleich zu Anfang den Bullterrier gezüchtet hätte, dann gäbe es heute nur eine Hunderasse – die richtige nämlich – und wir könnten uns endlich der weit wichtigeren Aufgabe des Züchtens besserer Politiker zuwenden.

Bedauerlicherweise tauchte der Bullterrier erst um das Jahr 1835 auf, als irgendein Ehrgeizling einen Englischen Terrier (eine Rasse, die inzwischen ausgestorben ist) mit einer Bulldogge kreuzte. Möglich, daß dem Züchter das Ergebnis seiner Mühe etwas peinlich war, jedenfalls unterließ er es, sich dafür feiern zu lassen, und wir kennen heute seinen Namen nicht. Im Laufe der Jahre gab es einige unzufriedene Züchter, und man kreuzte einen der Hunde-Prototypen – damals als „Bull and Terrier" bezeichnet – kurzerhand mit einem Spanischen Vorstehhund, um die Rasse zu vergrößern. Im Jahre 1860 meinte der Züchter James Hines schließlich, was die Welt am dringendsten brauche, sei ein weißer Bull-

terrier. Mit der großzügigen Unterstützung seiner vierbeinigen Freunde ließ sich das Projekt verwirklichen. Dieses stark verbesserte Hunde-Modell war damals in England der letzte Schrei.

Ist doch klar, warum: Der Bullterrier ist ein richtiger Hund, so wie ein Kind einen Hund zeichnen würde (oder wie ein Kind in einem Hundekostüm aussehen würde). Er ist so um die 30 Zentimeter hoch, wiegt etwa 40 Pfund und sieht so schnörkellos und funktionell aus, als hätte ihn Walter Gropius entworfen.

Der Bullterrier ist kein Hund für diejenigen, die etwas Dekoratives an der Leine spazierenführen wollen. Dafür gibt es den Whippet. Das Reizvolle am Bullterrier ist seine geradezu steinzeitliche Grimmigkeit. Kein treuherziger Spaniel-Blick, kein Männchenmachen wie Lassie: Der Bullterrier ist zum Kämpfen da, obwohl es ihm auch ohne recht ist, und er sieht aus wie der schlimmste Schläger, dem Sie in der Kneipe lieber nicht begegnen wären (obwohl dieser hier wie ein Idiot grinst, aber das täuscht…). Es sind gerade tausend Bullterrier beim amerikanischen Zuchtverband gemeldet – eine Handvoll, gemessen an den mehr als 95.000 Pudeln im Land. Offenbar sind die wenigsten Leute reif genug, um auf den Hund aller Hunde zu kommen.

Der „Louisville Slugger" Baseball-Schläger

Das Baseball-Spiel hat sich angepaßt, wie alles. Nur das endgültige Handwerkzeug des Baseball-Spielers ist sich selber treu geblieben. Er wird von den Heinzelmännchen bei Hillerich & Bradsby in Jefferson, Indiana, aus weißer Esche gedrechselt und war der Schläger der Unsterblichen (von Ruth bis Reggie). Die Faszination

von John Hillerich, dem 17jährigen Sohn eines Butterkannen-Herstellers aus Louisville, Kentucky. Der hatte gesehen, wie ein örtlicher Baseball-Held seinen Schläger mitten im Spiel zertrümmerte, und bot sich an, ihm eine bessere Waffe in die Hand zu geben. Das tat er noch am selben Tag, und zwar nach genauer Maßgabe des Kunden. Der Schläger hielt, der Spieler traf, und bei Hillerich begannen sich die Bestellungen zu stapeln. Damals hieß

das Ding noch „Falls City Slugger" nach dem regionalen Spitznamen der Stadt Louisville, aber zum Glück erkannte Hillerich bald, daß das kein Name für ein ernstzunehmendes Schlag-Werkzeug sei, und er änderte ihn prompt.

Obwohl die Konkurrenz, vor allem der Billigschläger, in den letzten Jahren stärker geworden ist, bauen Hillerich & Bradsby nach wie vor über eine Million Sluggers im Jahr. Der Kunde kauft sich damit ja auch nicht nur ein Sportgerät, sondern die habhafte Erinnerung an die Vergangenheit, handwarm und herrlich gemasert. Wahrscheinlich ist zwischen dem Treffen eines lederbespannten Balls und dem Schlag auf den Kopf eines Säbelzahn-Tigers ein viel kleinerer Unterschied als gemeinhin angenommen wird. Für den ersten Fall ist der Louisville Slugger das ideale Instrument – und im zweiten Fall hätte er sich vermutlich ebenfalls bestens bewährt.

eines solchen Holzprügels ist im Zeitalter der Aluminium-Schläger schwer zu erklären und liegt wahrscheinlich in der tiefen Befriedigung begründet, die einer spürt, der den Ball haarscharf an der ausgestreckten Hand des Gegenspielers vorbeigeschlagen hat.   □ Der Schläger wurde 1884 erstmals angefertigt, und zwar

Jockey-Unterhosen

Es war ein weiter Weg vom Hosenbeutel bis zum „Kenosha Klosed Krotch", einer x-förmigen, überlappenden Öffnung, die 1910 von der Firma S. T. Cooper and Sons in Kenosha, Wisconsin, in die damals gängige lange Herrenunterwäsche eingearbeitet wurde. Diese willkommene Innovation machte es möglich, sich zu

erleichtern, ohne sich völlig zu entkleiden. Aber die Zeit wirklich moderner Unterwäsche ließ bis nach dem Ersten Weltkrieg auf sich warten. Erst dann begann der Niedergang langer, beschleunigt durch die Tatsache, daß viele Männer sich an die kurzen Unterhosen der Sommeruniformen gewöhnt hatten. Im Jahre 1934 sah schließlich ein Angestellter von Cooper Underwear an der Französischen Riviera ein zweiteiliges Badekostüm – und der Herrenslip, Modell 1001, war geboren. Kurz darauf löste ihn das noch knappere Modell 1007 ab, das heute noch unter der Bezeichnung „Jockey classic brief" weltweit zu haben ist. Es fällt schwer, sich ein Leben ohne Jockey-Unterhosen vorzustellen. Sie strahlen alte Weisheit aus, sind weich und weiß, zuverlässig und unverwüstlich und tragen den Markennamen wie ein Spruchband um den Bauch. Und wie es darunter aussieht, geht bekanntlich keinen etwas an.

Das Monopoly-Spiel

Wer auch immer behauptet hat, das Immobiliengeschäft sei kein Kinderspiel, der hatte noch nicht von Charles B. Darrow gehört. Anno 1934 legte dieser Herr der Firma Parker Brothers ein Brettspiel vor, das er selbst erfunden hatte; das Spiel wurde zwar zunächst abgelehnt, aber ein Jahr später überlegte es sich die

Firma anders – und seither ist Monopoly der Renner in ihrem Sortiment geblieben. Atlantic City, der bekannte Ferienort im Staate New Jersey, ist vielleicht keine sehr typische amerikanische Stadt, aber sie hat zwei Marksteine amerikanischer Kultur hervorgebracht: die Miss-America-Wahl und das Monopoly-Spiel. Wenn ein Ausländer (Monopoly gibt es in 28 Ländern) etwas darüber erfahren will, wie Marktwirtschaft auf amerikanisch funktioniert, braucht er nur dieses Spiel zu erlernen. Mit etwas gesundem Menschenverstand, Grips, Ehrgeiz und Spaß am Erfolg – vor allem auf Kosten anderer – kann jeder gewinnen – und zwar im großen Stil! Aber wie das so ist mit dem amerikanischen Traum: Beim nächsten Wurf kann der Traum schon aus sein.

Was ist an diesem Spiel so toll? Nun, Sie können es wahlweise bitterernst oder aber nur so zum Zeitvertreib spielen. Sie können Unsummen horten, und das Spiel kann Stunden, ja sogar Tage dauern. Und es gibt endlich mal etwas umsonst: die 4000 Mark, die Sie kassieren, wenn Sie über Los kommen.

Die Ghurka Express Tasche Nr. 2

Der Name „Ghurka" ruft Bilder wach von fernen Ländern und tapferen Kriegern, von Kavalleristen und dem königlichen Regiment, von Königin Victoria und dem indischen Raj. Die Ghurkas waren (und sind) Soldaten im Dienste Ihrer Majestät, und eine Ghurka-Tasche sieht tatsächlich so aus, als wäre sie geeignet, einen

treuen Soldaten Victorias bis an die entferntesten Grenzen des Empire zu begleiten. Da nimmt es also Wunder, daß diese Taschen in Wirklichkeit eine amerikanische Kreation neueren Datums sind. Sie kamen 1976 auf den Markt und fielen sofort wegen ihrer klassisch-zweckmäßigen Linien auf – glückliche Eingebung eines gewissen Marley Hodgson.

Ghurka Taschen gibt es in vielen Varianten, von denen einige verraten, wie jung die Ghurka-Tradition tatsächlich ist

(zum Beispiel die Tasche Nr. 35, die eigentlich eine Kameratasche ist). Andere sind jedoch so zeitlos, wie es sich der hoffnungsloseste Romantiker nur wünschen könnte – zum Beispiel die Express Tasche Nr. 2, das allererste Modell und noch immer das beliebteste. Wenn Mary Poppins zur Marine eingezogen worden wäre, dann hätte sie ihre Sachen zweifellos in eine solche Tasche gepackt – mit den zwei großen Innentaschen und dem Schirmhalter am Griff, dem Schulterriemen, den Handgriffen (wahrscheinlich ist irgendwo noch ein Fach für das Offiziersstöckchen...). Wie die meisten Ghurka Taschen ist auch die Nr. 2 wahlweise in Drillich und Leder oder nur in Leder lieferbar. Aber nur das Zusammenspiel von sandfarbenem Drillich und sattbraunem Leder verleiht der Ghurka Tasche ihr unverkennbares, unverwüstliches Aussehen. Dieser Drillich ist ganz schön zäh – in Industriestärke und an allen Druckstellen doppelt vernäht. Sowohl Drillich wie Leder sind dank eines Verfahrens wasserdicht, das früher tatsächlich zur Imprägnierung des Lederzeugs der königlich-britischen Truppen entwickelt wurde. Jede Tasche ist außerdem einzeln numeriert und vom Hersteller registriert. Auf nach Indien!

Die Polaroid SX-70 Kamera

Es gab einmal eine brave Kamera von Agfa, die hieß „Klack". Sie arbeitete nach dem Motto „Knopf drücken, und ich mache den Rest". Also drückten Sie den Knopf (das heißt, damals tat es natürlich Ihr Vater, während Sie griesgrämig in die Kamera blickten), und der Film wurde weit, weit weggeschickt. Dort zauberte der

Filmhersteller, und es kamen Bilder von Baumgipfelspitzen und den unteren Körperhälften von Familienmitgliedern zurück. Und obwohl es über die Jahre hinweg immer neue Kameramodelle gab, mußte man immer darauf warten, daß in jenem weitentfernten Zauberreich das Wunder der Entwicklung geschah.

1972 kam jedoch ein neuer Zaubertrick auf den Markt, diesmal ausgetüftelt vom Hexenmeister der Optik, Dr. Edwin Land, und seinen Instant-Elfen. Das neue Zauberding hieß SX-70, angeblich nach der Schublade, in der das Projekt abgelegt wurde (über die weiteren möglichen Bedeutungen von „SX" darf ruhig spekuliert werden). Der Zauber der SX-70 geschah vor Ihren Augen, ja sogar in Ihrer Hand: alles außer dem Scharfstellen geschah vollautomatisch. In dem Ding steckten Film-Sandwiches, deren Metallfarben die unteren Körperhälften im Nu sichtbar machten. Der Filmgigant

Kodak erboste sich zwar daraufhin und brachte flugs ein eigenes Modell heraus, aber es war einfach kein Vergleich – kein SX-Appeal. Da fehlte vor allen Dingen dieses unglaubliche, schwirrende Spielhallengeräusch, das die Kamera von sich gibt, wenn sie das Bild ausspuckt.

1978 beschloß Polaroid, daß man seinen treuen Käufern auch das Scharfstellen nicht mehr zumuten dürfe. Ein Sender und Empfangsteil für Ultraschall wurde installiert, der einige Millisekunden lang einen unhörbaren Hochfrequenz-Pieps wie von einer Hundepfeife auf den Gegenstand vor der Linse strahlt, das Echo auffängt, mittels eines winzigen Computers die Entfernung ausrechnet und die Kamera automatisch einstellt. Übrigens genau das, was Fledermäuse seit urdenklicher Zeit tun, um sich im Dunkeln zu orientieren – aber mit ihnen kann man keine Bilder machen. Nach der SX-70 kann man sich kaum vorstellen, wozu eine Kamera sonst noch in der Lage sein könnte, vom Begehen unsittlicher Handlungen einmal ganz abgesehen. Immerhin: Dies ist die einzige Kamera, mit der man seinen Hund nicht nur fotografieren, sondern auch herbeirufen kann.

Die Ray-Ban-Sonnenbrille

Das ist, wörtlich, eine Sonnenbrille, die UV-Strahlen bannt (von englisch „ray" = Strahl und „ban" = bannen), und das tut sie pflichtschuldigst schon seit fast einem halben Jahrhundert. Entwickelt wurde sie von Bausch & Lomb, und zwar im Auftrag der U.S. Armeeflieger, um Pilotenaugen vor blendenden Höhenstrahlen zu

streifen auskennt, weiß, daß diese Brille für das Image eines echten Fliegerhelden unerläßlich ist.

Damals wie heute offiziell als „Große Metall-Sonnenbrille" (keine besonders einfallsreiche, dafür aber eine sehr anschauliche Bezeichnung) geführt, ist diese Fliegerbrille oft nachgeahmt, aber nie übertroffen worden. Das heißt, nicht ganz: Bausch & Lomb hat seither eine ganze Reihe qualitativ hochwertiger Brillengläser entwickelt, aber man stellt immer noch die grünen Original-Gläser für den traditionsbewußten Ray-Ban-Fan her.

Was sich wahrscheinlich für alle Zeiten geändert hat, ist das Metall-Gestell selbst. Es bestand nämlich früher einmal aus 12-karätigem Gold, ist aber heute aufgrund der inzwischen astronomischen Goldpreise nur noch mit Gold überzogen. Also: Sollten Sie im Besitz eines jener 12-karätigen Klassiker sein, dann hüten Sie ihn gefälligst wie Ihren Augapfel – sowas gibt es heute nicht mehr zu kaufen.

schützen. Und seit den dreißiger Jahren heben amerikanische Fliegerjungs nur mit einer solchen Sonnenbrille auf der Nase – oder zumindest in der Brusttasche – ab (während des Zweiten Weltkrieges wurden Ray-Bans ausschließlich für das amerikanische Militär hergestellt). Wer sich in alten amerikanischen Kriegs-

Budweiser Beer

Wie Ihnen jeder Halbwüchsige sagen kann – und wie Psychologen erst nach langem Nachdenken und dem Verschleudern von riesigen Forschungszuschüssen endlich herausgeknobelt haben – ist ein Spitzname ein gutes Zeichen für die Beliebtheit eines Produktes. Und angesichts der in Amerika unübertroffenen Beliebtheit

von Budweiser Bier ist es kein Wunder, wenn das (wie die Amerikaner meinen) beliebteste Bier der Welt in seiner Heimat einfach und familiär „Bud" genannt wird. Man könnte meinen, daß jeder Mensch auf diesem Planeten schon mal ein „Bud" getrunken haben muß. Wie wäre es sonst möglich, daß davon jedes Jahr über 55 Millionen Fässer – das sind etwa acht Milliarden Liter – geschlürft, gesüffelt, geschluckt oder ganz einfach gesoffen werden. In Europa allerdings haben tschechische Brauer erfolgreich gegen die Verwendung des Namens „Budweiser" geklagt, und deshalb darf das amerikanischste aller Biere hier nur unter dem Namen „Anheuser-Busch" in Erscheinung treten. Kenner mögen es verschmähen – Bud hat keinen Snob-Appeal und auch nicht das Aroma oder die Würze des original Budweisers, von einem Pilsener Urquell oder Heineken Dunkel ganz zu schweigen. Aber der Amerikaner, der gewohnt ist, sie sich gleich reihenweise reinzuziehen, würde wahrscheinlich ohnehin lieber zum leichteren „Bud" greifen. Es bedarf also keiner Fernsehreklame mit achtspännigen Brauereiwagen, um klarzumachen, daß „Bud", in den US-Nationalfarben rot-weiß-blau strahlend, tatsächlich das erste Bier der Nation ist.

Hershey's Schokoladenküßchen

Die Vorstellung von einem Konfekt mit der Bezeichnung „Kuß" – dazu noch in Form einer Brustwarze – fordert erotische Doppeldeutigkeit geradezu heraus. Kaum zu fassen, daß diese wohlgeformte Leckerei im Jahre 1907, also noch lange vor der sexuellen Revolution, auf den Markt kam. „Hershey's Chocolate Kiss" ist in

Wirklichkeit die Nachahmung eines Schokoladenkonfekts mit dem nicht gerade sehr romantisch klingenden Namen „Wilbur-Bud" („Wilbur-Knospe"). Allem lustvollen Phantasieren zum Trotz hat der Name des Konfekts mit Liebkosungen nichts zu tun, denn im Wörterbuch findet sich neben anderen Definitionen des Stichwortes „kiss" diese: „Ein Stückchen Schokoladenkonfekt, oft in Papier oder Folie eingewickelt." In einer Zeit vielfältiger und oft komplizierter Formen der Lustbefriedigung ist Hershey's unschuldiges Schoko-Küßchen ein herrlicher Anachronismus – zart geformt und unverbindlich, mundgerecht, und zerfließt sanft in süßes Nichts. Einen geliebten Menschen verführerisch mit einem Küßchen zu locken, es ihm in den Mund zu legen oder irgendwo zu verstecken, das sind romantische Gesten, ebenso zärtlich wie vielsagend. Deshalb sind wir über Hershey's 1978 neu eingeführten „Riesenkuß" ganz und gar nicht erfreut. Dieses alle Maße sprengende Konfekt-Trumm gleicht dem endlosen, feuchten, erstickenden Kuß eines allzu feurigen Liebhabers. Er läßt uns keine Atemfreiheit. Weniger ist manchmal mehr. Das süße kleine Küßchen ist einfach goldrichtig.

Der VW Käfer

Als der erste VW mit seinem charakteristischen Käferbuckel im Februar des Jahres 1936 als „Kraft-durch-Freude-Wagen" in Deutschland vorgestellt wurde, stimmte seine Form perfekt mit der damals gültigen Vorstellung von aerodynamischer Stromlinienführung überein. Aber lange nach dem Krieg, als Autos große

Heckflossen nebst Unmengen von Chrom trugen, war der VW bald für das Gros des „Volkes" nicht mehr der Inbegriff eines „Wagens". Dennoch: Das Design, Werk von Dr. Ferdinand Porsche, entpuppte sich als einzigartig und unübertrefflich. Das Modell, das 1981 in Mexiko als zwanzigmillionster Käfer vom Band rollte, unterschied sich nur in Details von Porsches ersten, 1934 entstandenen Entwürfen (das Brezelfenster wich beispielsweise einer richtigen Heckscheibe). Trotz ständig steigender Beliebtheit gab es über Jahre hinweg keinen wirklich ernsthaften Versuch, den Käfer nachzuahmen. Einfach unglaublich!

David Langley

Die American Express Karte

Es ist kaum zu fassen, aber bis 1958 gab es sie überhaupt nicht! Und bereits ein Jahr nach der Einführung steckten bereits 253.000 Karten weltweit in den Brieftaschen. Nur wenige Artikel in diesem Buch sind im Verlauf der Jahre besser geworden, aber die American-Express-Karte ist eine Ausnahme von der Regel des

Modernen Lebens, wonach etwas, das anders wird, meist schlechter wird. Die Karte war früher einmal lila, weil das die Farbe der American Express Reiseschecks ist. 1969 bekam sie einen entschieden angemesseneren grünen Farbton und sah fortan wie Spielgeld aus. Mit ihrer neuen Farbe wurde die Armerican Express Karte zum Symbol dessen, was sie eigentlich ist: ein Stück künstliches Material, hinter dem im einen oder anderen Fall wohl auch nur künstliches Vermögen steckt. Wie Spielgeld ist die Karte nur eine recht einfache Kopie von echtem Geld, aber das verleitet schließlich noch mehr zum Spielen.

Angesichts der vielen Karteninhaber ist es interessant zu sehen, wie ihr Besitz trotzdem noch Status verleihen kann. Außer Ihnen haben sie auch Astronauten, Bestsellerautoren und Politiker. Wen kümmert's, daß man lediglich ein Mindesteinkommen von 30.000 Mark im Jahr vorweisen muß. Das einzig Anrüchige an der Karte ist der Anflug von Bartstoppeln, der am Kinn des Zenturios sprießt – eine etwas bedrohliche Erinnerung an die unerbittliche Abrechnung am Monatsende. Aber das ist doch erst einmal unwichtig: Bis dahin ist noch Zeit. Mit diesem Plastik-Zahlungsversprechen in der Tasche gehört Ihnen die ganze Welt – zumindest für heute.

M&M's

M&M's sind die amerikanischen „Smarties". Der Inbegriff eines Schokoladen-Konfekts, das angeblich im Mund zergeht und nicht in der Hand. Angesichts der überlegenen Marktbedeutung in Amerika hatte es die Firma natürlich nicht nötig, sich bei irgendwelchen dahergelaufenen Außerirdischen oder Hollywood-

Die kompakten Konfektstückchen in ihrer eher nüchternen braunen Tüte sind als Snack gerade richtig. Sie stillen das Verlangen nach etwas Süßem, ohne schlechtes Gewissen zu machen.

M&M's gibt es seit 1941. Man sagt, vielleicht irrtümlich, daß sie ursprünglich als schnelle Energiespritze für die amerikanische Armee kreiert wurden, da es den GIs auf dem Schlachtfeld zwar im Finger jucken, der Finger aber nicht am Abzug kleben bleiben sollte. M&M's sind das Werk eines gewissen Forest E. Mars (Sohn des Frank C. Mars, Schöpfer des gleichnamigen Schokoladenriegels). Zusammen mit seinem Kompagnon

Bruce Murrie (das andere „M" im Gespann) gründete Mars eine Firma auf der Grundlage dieses einzigen Produktes. (M&M's mit Erdnüssen gab es erst 1954). So anders waren die harten kleinen Dinger im Vergleich zu allem bisherigen Naschwerk, daß sie sich einer sofortigen und nachhaltigen Beliebtheit erfreuen konnten.

M&M's machen Spaß. Man kann sie scheffelweise in sich hineinschlingen und den bunten Zuckerüberzug mit befriedigendem Zähneknirschen knacken. Oder man kann sie einzeln in den Mund nehmen und lutschend auskosten, wie der harte Überzug langsam der geschmeidigen, süßen Füllung weicht. Und hübsch sind die M&M's auch. Vor dem Trubel, als Forscher die Gefahr roter Lebensmittelfarbe erkannten, waren sie natürlich sehr viel hübscher – die roten verschwanden am 10. März 1976 endgültig aus den Tüten. Dennoch ist eine Handvoll dieser bunten, formschönen Ellipsoide noch immer ein netter Anblick. So richtig zum Reinbeißen. Na ja, vielleicht klappt's in *E.T., Teil II...*

Produzenten anzubiedern. M&M's werden deshalb möglicherweise in die Geschichte eingehen als das Konfekt, das „E.T." *nicht* im Munde zerging: M&M's zog es überraschend vor, sich nicht am Werberummel um *E.T.* zu beteiligen. (E.T. mußte deshalb mit erdnußcremegefüllten „Reese's Pieces" vorliebnehmen).

Bayer Aspirin

Als Hippokrates seinen Patienten empfahl, gegen Schmerz Weidenblätter zu kauen und morgen wieder vorbeizukommen, wenn es immer noch wehtut, da verschrieb er in Wirklichkeit eine altgriechische Form des Aspirins: Die bittere Rinde der Weide enthält Salizin, einen Vetter des Wirkstoffs $C_9H_8O_4$, des Haupt-

bestandteils von Aspirin. Zweifellos waren die Streßzeiten der alten Griechen auch für Weidenbäume hart.

Die kreisrunde, schneeweiße Bayer-Aspirintablette, auf der das Bayer-Markenzeichen ein nicht gerade subtiles Kreuz bildet, stellt in der Medizin das Gegenstück zur geweihten Hostie dar. Im Grunde verdanken wir dieses Allheilmittel einem Elsäßer Chemiker

namens Charles Frederick von Gerhardt, dem es 1853 gelang, Azetylsalizylsäure – eine Verbindung aus Kohlen-, Wasser- und Sauerstoff – künstlich herzustellen. Von Gerhardt begnügte sich allerdings damit, die Verbindung herzustellen: Offensichtlich wußten weder er noch sonst jemand etwas damit anzufangen, und Aspirin („A" für Azetyl, „spir" für die salizylathaltigen Pflanzen der Spiraenfamilie, und „in" als Wortendung) wurde ein halbes Jahrhundert lang kaum beachtet. Erst 1898 entdeckte ein leider namenloser Heiliger, daß Aspirin bei allerhand Schmerzen Linderung schaffte, und Apotheker begannen, das weiße Pulver in kleinen Tütchen zu verabreichen.

1915 nahm die Firma Bayer die Herstellung von Aspirin in Tablettenform auf (seit 1899 hatte sie die Droge in Pulverform geliefert und den Namen als Warenzeichen schützen lassen). Nach all diesen Jahren und nach Vertreibung von wer weiß wievielen Kopfschmerzen, ist immer noch niemandem so recht klar, wie Aspirin das schafft. Trotzdem verschreiben Ärzte auf der ganzen Welt jedes Jahr mehr als 14 millionenmal Aspirin.

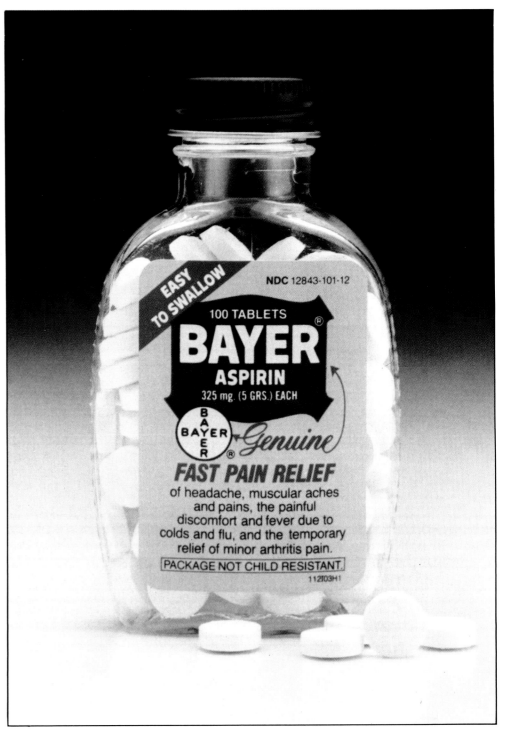

Der Honigbär

Was es nicht alles gibt? Poesie in Plastik. Was könnte die vollkommene Zufriedenheit besser verkörpern als ein etwas verblüfft lächelnder Bär, der bis an die Augenbrauen mit seiner Lieblingsspeise gefüllt ist? Diese Eingebung verdanken wir den Herren Ralph Gamber und Woodrow Miller von der „Dutch Gold"

Honigfabrik in Lancaster im US-Bundesstaat Pennsylvania. Als 1958 die weltweite Beliebtheit der Zeichentrickfigur Yogi Bär den Höhepunkt erreichte, kamen Gamber und Miller darauf, daß ihr Honig und der liebenswürdige Bär zusammen sozusagen das greifbare Gegenstück zur Lautmalerei bildeten. Sie beauftragten daraufhin die (inzwischen leider insolvente) kalifornische Firma namens Olympic Plastics mit dem Entwurf eines angemessenen niedlichen Behälters. Auch wenn der Bär sechs Zehen an jeder Pfote abbekommen hat: Das Endprodukt hätte nicht besser sein können – mit Sicherheit eine der genialsten Verpackungen seit das Ei erfunden wurde. Alles hat seine Richtigkeit; das Etikett dient dem Bären sogar als Lätzchen.

Der Honigbär lächelt nicht nur freundlich, sondern ist vor allem ungemein praktisch: Auf sanften Fingerdruck hin spendet er aus seinem weichen Wabbelbauch einen dicken Honigstrang, bläht sich dann sofort wieder auf zu seiner ursprünglichen Form und saugt dabei den letzten Tropfen wieder ein, so daß nichts daneben geht. Der Bär kann immer wieder nachgefüllt werden (und das bekommt ihm, genau wie einem echten Bären, sehr viel besser als leer herumzustehen, denn da trocknet der Inhalt ein). Aber selbst ohne seine Honigfüllung leistet er gute Dienste – als Spielzeug für die Badewanne, als Spritzpistole, als raffinierte Knospenvase, oder einfach nur so als Objet d'Art – was er ja auch ist.

Der Faber Mongol Nr. 2 Bleistift

So alltäglich ein Bleistift auch sein mag: Ein anderes Schreibgerät als den Mongol Nummer 2 zu benutzen hieße, freiwillig die eigene Kreativität einzuschränken. Die Nummer 3 schreibt zu zaghaft, leistet quasi Widerstand. Egal wie tiefgründig der Gedanke: Das Geschriebene wirkt schwach und unsicher. Die Nummer 1 ist

es sich einfach irgendwie nicht so leicht – das Blei ist entweder zu hart oder zu weich. Der Mongol Nr. 2 besitzt hingegen die perfekte Mischung von Tonerde und Graphit (der Ausdruck „Bleistift" ist übrigens völliger Quatsch, da die Bleistiftminen noch nie Blei enthalten haben). Je mehr Tonerde, desto härter und grauer das „Blei"; je mehr Graphit, desto weicher und schwärzer.

Darüber hinaus haben Mongol Stifte auch die besten Radiergummis. Man braucht sich nie Sorgen zu machen, daß die Schmiererei nach dem Radieren schlimmer sein wird als die vorher. Und wenn Sie ein eingefleischter Radiergummikauer sind: Sie müssen schon mit einer Wucht von über 2,5 kg daran ziehen, ehe das Ding abreißt. Der Mongol ist *der* Bleistift Amerikas seit Mitte des vorigen Jahrhunderts, als der deutsche Bleistiftmacher Eberhard Faber die erste Bleistiftfabrik Amerikas genau an jener Stelle errichtete, wo heute das UNO-Gebäude in New York steht. Es ist umstritten, ob Herr Faber diese gelben Stifte nach einem asiatischen

Stamm oder nach dem berühmten Currygericht benannte, aber das tut nichts zur Sache. Jedenfalls war es Fabers Idee, die Stifte gelb anzumalen, und bis heute sind in Amerika gelbe Stifte die Norm geblieben. Mongol Bleistifte werden mit sage und schreibe dreizehn gelben Farbschichten versehen. Das ist auch der Grund, weshalb die Farbe bei kreativen Nagepausen nie absplittert. Ohne Zweifel, die Mongol Stifte sind erstklassige Qualität. Und obwohl sie unentbehrlich sind, sind sie auch erschwinglich. So soll es auch sein, denn ein Bleistift ist schließlich nicht mehr wert als sein Benutzer.

Angenommen, man käme je dazu, einen solchen Stift völlig aufzubrauchen, dann hätte man damit eine Linie von Heidelberg bis Tübingen ziehen oder ein Opus von etwa fünfundvierzigtausend Wörtern schreiben können. Eine Nummer 2 von Mongol kann siebzehnmal gespitzt werden; zum Schluß erhält man einen kurzen Stummel, mit dem ein arbeitsloser Schriftsteller sicher noch etwas anzufangen wüßte. Der Mongol Nummer 2 eignet sich hervorragend dazu, die feine Linie zwischen Möglichem und Machbarem zu ziehen. Er ist das Instrument, auf dem die Musik des Geistes gespielt wird. Zugabe, bitte!

dagegen viel zu weich; die Schrift wirkt schlampig und verschmiert. Wie soll ein klarer Gedanke mit ver-
schwommener Schrift überzeugen?   ☐ Nein, nur die Nummer 2 läßt die Gedanken wirklich frei fließen.
Was die Qualität anbelangt: Faber macht wohl die besten Bleistifte überhaupt. Mit anderen Stiften schreibt

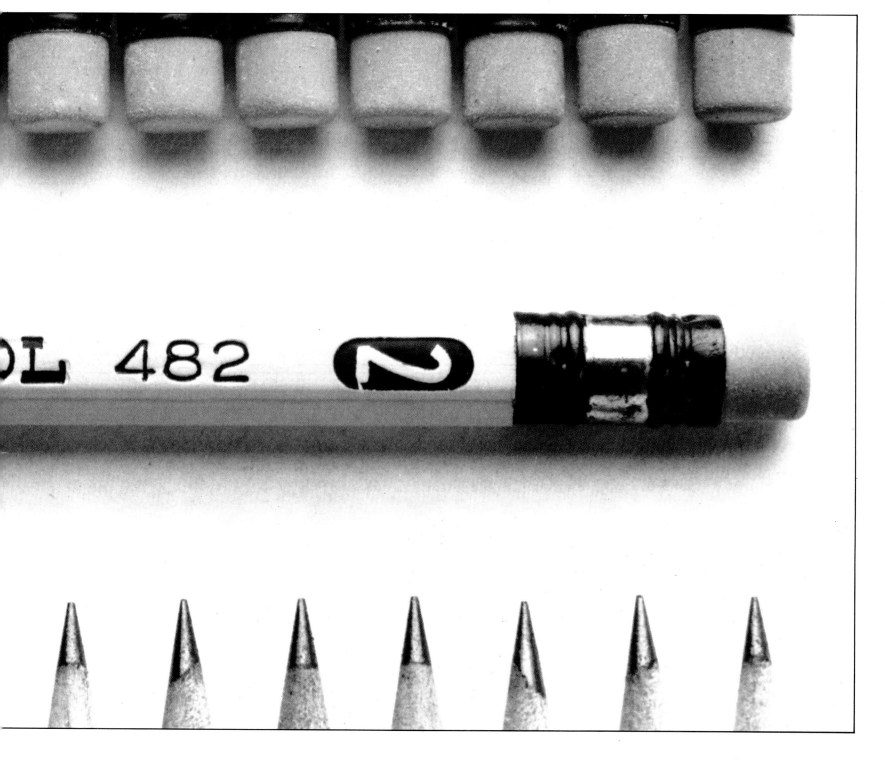

Fox's U-Bet Schokoladensirup

U-Bet von Fox ist dicker, sündhaft schokoladiger Sirup. Seine Aufgabe im Leben ist es, das Wesentliche in das Begehrenswerte, das recht Gute in das unumstritten Beste zu verwandeln. Das simpelste Vanilleeis, das banalste Gebäck wird damit zu einer Köstlichkeit. Alles, was man gerne *mit* Fox's U-Bet-Schokoladensirup

begießt, könnte man zwar genauso gut *ohne* essen – aber wozu?

Und damit wären wir bei der eigentlichen Quintessenz – der „Eiercreme". Das Rezept für dieses gewagte New Yorker Gebräu (in dem aber weder Eier noch Sahne Verwendung finden) lautet folgendermaßen: Man gieße Fox's U-Bet ein bis zwei Finger hoch in ein Longdrinkglas und füge ebensoviel Milch hinzu. Das Glas wird dann zur Hälfte mit Mineralwasser gefüllt. Verrühren (während des ganzen Vorgangs sollte das Glas wie zum Biereinschenken schräg gehalten werden) und mit Mineralwasser ganz auffüllen, damit eine Schaumkrone entsteht, und das Ganze sofort hinunterkippen. Die letzte Anweisung ist sehr wichtig, denn dieser Schaum ist vergänglicher als eine Jugendliebe, und nichts auf der Welt ist weniger appetitlich als eine in sich zusammenfallende „Eiercreme".

Sie können Vollmilch nehmen, oder Milch und Sahne mischen. Sie können Selterswasser oder sonst einen Sprudel verwenden aber da hören die Variationsmöglichkeiten auf. Fox's U-Bet ist die Zutat, die das Authentische und Wesentliche, das Quintessentielle, an einer „Eiercreme" ausmacht. Dieser Sirup zeigt sich schon seit Jahr-

zehnten von seiner Schokoladenseite. Man braucht sich nur einmal die Kleine auf dem Etikett anzusehen: Niemand bei Fox weiß, wer sie ist, aber Gesicht und Frisur lassen eindeutig auf Zwanzigerjahre schließen. Das Produkt selbst geht auf das Jahr 1900 zurück, als Herman Fox und seine Frau Ida die Firma H. Fox und Co. gründeten. Herman setzte sich ein paar Jahre lang ab, um in Texas nach Erdöl zu bohren. Aber das war am Ende gar nicht schlecht, denn dort unten erweiterte sich sein Wortschatz um das pfiffige „You bet" (zu deutsch etwa: „Worauf Sie sich verlassen können!"), das heute die Sirupflasche ziert.

Seit das Warenzeichen 1925 geschützt wurde, hat sich weder am knallgelben Etikett noch am Inhalt etwas geändert. Nach wie vor ist U-Bet der ganze Stolz der Familie Fox. Aber nach bescheidenen Anfängen im New Yorker Stadtteil Brooklyn hat es der Sirup in der Welt zu etwas gebracht: Für Woody Allen ist er Grundnahrungsmittel; Jerry Lewis behauptet, süchtig danach zu sein. Und als die Rolling Stones während ihrer 81er-Tournee im Madison Square Garden spielten, mußte der jetzige Firmenbesitzer David Fox Unmengen des süßen Zeugs am Bühneneingang abliefern. Tja, U-Bet ist eben der Sirup der Stars. Worauf Sie sich verlassen können.

Das Lacoste Polohemd

Zuerst ein Wort zur Nomenklatur. Das grüne Tier mit aufgerissenem Rachen, das treue Lacoste-Träger am Herzen tragen, ist tatsächlich ein Krokodil und nicht etwa, wie gewisse Schickeria-Schnösel behaupten, ein Alligator. Das reptile Maskottchen leitet sich vom Spitznamen des berühmten französischen Tennisspieler

René Lacoste ab. Warum Lacoste „das Krokodil" genannt wurde, ist nicht mit letzter Bestimmtheit festzustellen; es mag mit seinem unerbittlichen Spiel, oder aber mit seiner überaus herausragenden Nase zusammenhängen. Jedenfalls brach Lacoste 1926 mit der Tradition, auf dem Tennisplatz nur langärmelige, weiße, von oben bis unten zugeknöpfte Hemden anzuziehen, und erschien zum Match stattdessen in einem Polohemd aus Baumwollstoff mit einem aufgenähten grünen Krokodil auf der Brust. 1929 zog sich Lacoste aus dem Tennisspiel zurück, aber sein Hemd blieb den Leuten in Erinnerung. 1933 gründete er eine Firma zur Herstellung von Reptilienhemden, und das tut sie nun ununterbrochen seit über fünfzig Jahren.

1951 kam das Hemd erstmals nach Amerika, und dann passierte erst mal gar nichts – bis (glaubt man den Anhängern der Republikanischen Partei) der amerikanische Präsident Eisenhower einmal ein Krokodilhemd zum Golfspiel trug. Seitdem ist das Krokodil nie aus der Mode gekommen; und wenn es zwischenzeitlich zum Klischee geworden ist, dann gibt es dazu jeden Grund – und zwar nicht zuletzt den, daß die engen Ärmel die Oberarmmuskulatur des Trägers viel größer erscheinen lassen.

Wer schon mal versucht hat, das Krokodilemblem vom Hemd zu lösen (eine Prozedur, die als Klischeetomie bezeichnet wird), der weiß, daß es nichts, aber auch gar nichts auf der Welt gibt, was so verflixt fest säße. Wenn Flugzeuge nur so gut gebaut wären! Der Eingriff dauert Stunden, macht Auge trüb und Kopf matschig und hinterläßt fast immer ein winziges, verräterisches Loch.

Geben wir also dem Krokodil die Ehre, die ihm zusteht. Jeder versucht es zu kopieren, ans Original kommt keiner ran. Und wenn wir schon das gleiche Hemd anziehen müssen wie eine Million anderer Affen, dann trösten wir uns wenigstens mit der Gewißheit, daß nicht einmal Arnold Schwarzenegger darin besser aussieht als wir.

Steiff Teddybären

Im Orwellschen Roman „Farm der Tiere" erfuhren wir, daß alle Tiere gleich, einige jedoch gleicher als andere sind. Und das gilt ganz bestimmt auch für die Spezies der Teddybären. Steiff Teddybären sind ohne Zweifel gleicher. Das sind die mit den beweglichen Armen und Beinen (das erste Stofftier mit bewegbaren

Gelenken), mit dem würdevollen Gesichtsausdruck und der Robustheit eines Sandsacks. Dieser Bär hört ernsthaft zu, wenn Sie mit ihm reden, und er hält selbst lange Kindergeburtstage durch, ohne schlappzumachen. Wer als Kind einen solchen Teddy besitzen darf, lernt bereits in jungen Jahren eine wichtige Lektion über das Wesen der Quintessenz.

Die Urmutter aller Steiff Tiere war Margarete Steiff, eine Schneiderin, deren erste Kreation außerhalb der Konfektion ein elefantenförmiges Nadelkissen war. Ihr Neffe Richard, ein Kunststudent, entwarf dann um die Jahrhundertwende den berühmten Bären. In Deutschland waren sie zunächst nur als Steiff Bären bekannt – der Name „Teddybär" ist eine rein amerikanische Erfindung, die dann in die Heimat des Kuscheltierchens zurückimportiert wurde.

Steiff Bären sind weder übermäßig niedlich, noch übermäßig kitschig. Sie werden mit zunehmendem Alter sanfter und verwundbarer. Wie ein Paar alte Pantoffeln oder ein verbeulter Schlapphut erreichen sie im Laufe einer Kindheit einen Zustand behaglichen Verfalls, der ihnen jeweils eine ganz individuelle Persönlichkeit verleiht. Schon deshalb ist *Ihr* Teddy einzigartig auf der Welt.

Johnson's Baby Puder

Selbst am schwülsten aller Sommertage fühlt man sich nach einem Griff zur Johnson's Baby-Puder-Dose wie neugeboren. Der Puder gleitet sanft über die Haut und schafft eine hauchzarte Schicht Erfrischung zwischen dem Körper und der Hitze. Johnson's hält uns kühl, und das nun schon seit 1893. Ursprünglich wurde

er als unverkäufliches Muster in die Pakete gesteckt, die von Hebammen an nagelneue Mütter zur Versorgung des nagelneuen Kindes überreicht wurden. So riecht der Puder auch – nagelneu. Der Geruch – wie der einer neuen Kinderpuppe – ist süß, aber nicht schwülstig, hat also nichts von Altjungfer-Tanten oder Spitzendeckchen. Es genügt, einfach kurz an der Dose zu schnuppern, um schlechte Stimmung aufzubessern.

Vielleicht ist Johnson's Baby Puder deshalb derart liebenswürdig, weil das weiße Gestäube Erinnerungen an eine Zeit vollkommener Zufriedenheit auslöst – eine Zeit, in der jedes unserer Bedürfnisse von liebevollen Händen erfüllt wurde. Oder vielleicht verbinden wir einfach nur diesen reinen und unschuldigen Geruch mit der Reinheit und Unschuld, die der Inbegriff des Babytums sind. Es ist deshalb vielleicht ganz passend, daß Fred Barnett Kilmer, der als Laborchef bei Johnson & Johnson Entwicklung und Marketing des Puders vorantrieb, der Vater von Joyce Kilmer war, einer der berühmtesten amerikanischen Kinderdichterinnen. Wie sie in einem ihrer berühmtesten Gedichte schrieb: „Nur Gott kann einen Baum schaffen" – und nur Johnson's das vollkommene Baby Puder.

Das Schweizer Armeemesser

Das muß ein wahrhaft erregender Anblick sein: Ein Zug Schweizer Infanterie, am Fuße eines Berges auf Posten; jeder Soldat – natürlich bestens ausgebildet in der Kunst lang- und kurzfristiger Geldanlage – wartet auf das schneidende Kommando „Schere raus!". Oder: Korkenzieher! Oder Schraubenzieher oder Fla-

nichts, was so typisch schweizerisch wäre wie die ungeheuer praktischen Taschenmesser der Firmen Victorinox und Wenger, seit über sechzig Jahren Lieferanten der Alpenkrieger. Wenn es etwas gibt, was Sie mit einem Schweizer Messer nicht schaffen, dann brauchen Sie wahrscheinlich einen Leopard II. Die hier abgebildete Grundausführung ist mit nur sechs Werkzeugen verhältnismäßig klein gehalten (die größte bringt es auf achtzehn, einschließlich eines Phillips-Schraubenziehers und des unverzichtbaren Drahtabisolierers), aber Sie können damit immer noch eine Flasche Bordeaux entkorken, die Trüffeln aufschneiden, den Kaviar und die Büchse Räucherlachs öffnen oder Ihre Pfeife auskratzen. Und die Schweiz bis zum letzten Mann verteidigen, natürlich.

schenöffner. Oder Pinzette, Zahnstocher, Nagelfeile, Reibahle, Lineal, Fischabschupper, Enthaker, Säge, Lupe. Auf, Kameraden, für Kanton und Vaterland, den Berg hinan! Mit unseren Schweizer Armeemessern sind wir unschlagbar!   ☐ Neben Emmentaler, Nummernkonten und Vollmilchschokolade gibt es wohl

Levi's Jeans

Der Firmenslogan lautete einmal „Qualität kommt nie aus der Mode" – und das waren Levi's tatsächlich nie. Das berühmte „501"-Modell wird von der Firma Levi Strauss seit über 125 Jahren hergestellt. Das doppelbögige Markenzeichen, mit orangenem Faden auf die Hintertaschennaht gesetzt, gilt heiliger als die

Goldbögen von McDonald's – und ist im übrigen das älteste ununterbrochen benutzte Warenzeichen für Bekleidung in den U.S.A. Zur Zeit des Goldrausches ging der aus Deutschland eingewanderte Jude Levi Strauss mit einer Ladung Segeltuch für Zelte und Planwagendächer nach Westen, um in der Goldgräberstadt San Francisco eine Filiale des Kurzwarengeschäftes seiner Familie zu eröffnen. Als geborener Unternehmer erkannte er recht bald, daß eine echte Marktlücke für strapazierfähige Hosen bestand. Das Segeltuch wurde bald ersetzt durch *serge de Nîmes* (daher englisch „denim"), ein unverwüstlicher Baumwollstoff, den er aus der südfranzösischen Stadt Nîmes importierte. Die letzte bedeutende Veränderung im Design fand im Jahre 1873 statt, als die Taschen mit Kupfernieten verstärkt wurden. Eine Unsitte, so alt wie Levi's selber, ist es, mitsamt seiner Levi's unter die Dusche zu springen und sie dann am Leibe trocknen zu lassen. Nur sprangen die Cowboys damals eben in die Pferdetränke. Heute geschieht es zwecks besserer Paßform. Und in einer Welt, in der alles mittlerweile vorgewaschen, pflegeleicht und farbecht ist, muß es wie ein echter Trost wirken, wenn wir noch etwas kaufen können, das *garantiert* einläuft, knittert und ausbleicht!

Bass Weejun College Schuhe

Der oft nachgeahmte aber nie ganz erreichte Original-College-Schuh von der Firma Bass – wesentlicher Bestandteil der Grundgarderobe jedes stilbewußten Poppers – war 1936 ursprünglich einem norwegischen Entwurf nachempfunden, daher der Name „Weejun". Spätestens seit Ende der Vierziger galt er dann unter

Eingeweihten als der einzig richtige Schuh für Freunde lässiger Eleganz. Seine heftigsten Verfechter fanden, ein Aufzug, zu dem keine Weejuns paßten, sei einfach nicht tragbar. Für den allertreuesten Weejuns-Anhänger ist es Ehrensache, die geliebten Schuhe bis in den späten Herbst hinein ohne Strümpfe zu tragen – ein symbolischer Akt, wie für einen Yogi das jährliche rituelle Bad im Ganges, nur sauberer und kühler.

Das Design der College Schuhe hat sich seit 1936 nur wenig geändert. Jedes Paar wird noch von Hand genäht, und jedes Paar hat noch die nette Angewohnheit, sich der Form eines jeden Fußes anzupassen. Nach nur einmonatigem Tragen sieht der rechte Schuh ganz anders aus als der linke – es sei denn, Ihre Füße wären identisch, aber das sind sie mit ziemlicher Sicherheit nicht. Leider haben Weejuns auch die herzzerreißende Eigenschaft, sich immer besser einzulaufen – bis sie eines Tages plötzlich auseinanderfallen.

Die Hamilton Beach Modell Nr. 936 Getränkemixmaschine

Trinken Sie gerne Milk Shakes? So richtig eiskalte, cremige Milk Shakes wie bei McDonald's? Und würden Sie gerne so etwas auch zu Hause trinken? Dann müssen Sie sich einfach, wenn Sie das nächste Mal nach Amerika fahren, eine Hamilton Beach Nr. 936 Getränkemixmaschine anschaffen. Teuer, aber trotzdem ihre

$ 200 wert. Es gibt nämlich keine andere Maschine auf der Welt, die Milch, Eiscreme und Sirup so perfekt durcheinanderwirbeln kann, da das Gerät mit der unglaublichen Geschwindigkeit von 13.000 (im langsamen Gang) bis 18.000 Umdrehungen in der Minute arbeitet. Diese Wonne verdanken wir Chester Beach (sein Geschäftspartner L. H. Hamilton stellte die nötigen Dollars zur Verfügung), der den ersten Kleinuniversalmotor (also ein Motor, der sowohl mit Wechsel- als auch mit Gleichstrom betrieben werden kann) entwickelte. Das erste Haushaltsgerät, bei dem dieser re-

volutionäre Motor eingesetzt wurde, war die Getränkemixmaschine. Technische Details und Design wurden natürlich seit der Einführung im Jahre 1911 immer wieder verändert, aber Herzstück und Seele der alten wie der neuen Ausführung ist immer noch dieser wunderbare Metallbehälter, in dem der Shake gemixt wird. Das ist das Schöne, wenn man sich in einem amerikanischen „drugstore" (was alles, nur keine Drogerie ist) einen solchen Milk Shake gönnt: In diesem Behälter, den der Mann hinterm Tresen immer neben Ihr Glas hinstellt, ist selbst dann noch mindestens ein halbes Glas des sahnigen Getränks, wenn Sie Ihr Glas bereits bis zum Rand gefüllt haben! Während Sie am Strohhalm ziehen, behalten Sie den Metallbehälter im Auge. Die Wände beschlagen mit kondensierten Wassertröpfchen, und Sie haben die ruhige Gewißheit: Auch wenn Sie das Glas ausgetrunken haben, es ist noch was da!

Coca-Cola

„Coke is it" („Coke, das ist es!") lautet ein kurzer, bündiger Werbespruch für das meistgetrunkene Cola-Getränk. Widerspruch wird da nicht geduldet. In einem der wenigen Warenschutzprozesse, die vor den Obersten Gerichtshof in Amerika kamen, bestätigte Richter Oliver Wendell Holmes den rechtmäßigen

Anspruch des Coca-Cola-Warenzeichens mit der Bemerkung: „Inzwischen bezeichnet dieser Name ein Getränk, das fast überall erhältlich ist. Damit ist eine bestimmte Sache gemeint, die einen einzigen Ursprung hat und der Bevölkerung in dieser Form wohlbekannt ist." Seit diesem Urteil aus dem Jahre 1920 hat sich die Bevölkerung auf 155 Länder ausgeweitet. Um einen weiteren Werbespruch zu zitieren: „things go better with Coke" – „Mit Coke geht alles besser".

Das Wunder von Coca-Cola nahm seinen Anfang in einem Messingtopf, als der Pharmazeut Dr. John Styth Pemberton an einem Frühlingstag im Jahr 1886 in seinem Vorgarten bei Atlanta einen neuartigen Sirup zusammenbraute. Er verkaufte den Inhalt an eine Apotheke, die das Konzentrat mit Mineralwasser streckte und für 5 Cents das Glas feilbot. Pembertons Geschäftspartner, ein gewisser Frank M. Robinson, steuerte den Namen (der – so könnte man meinen – auf eine kleine Prise Kokain in der Flasche schließen läßt) und die schön geschwungene Schrift des Warenzeichens bei. Nachdem diese beiden sich den Weg in die Unsterblichkeit geebnet hatten, warfen sie alles hin und verkauften die Urheberrechte an einen gewissen

Asa G. Chandler für lumpige $ 2.300. Dieser Chandler war nicht nur in der Lage, eine gute Sache zu erkennen, wenn sie ihm über den Weg lief, sondern er verstand es auch, sie geschäftlich auszuschlachten. Unter seiner Leitung wurde Coca-Cola das beliebteste Erfrischungsgetränk der Welt.

Wenn auch Sie sich an seltsamen Statistiken hochziehen können, dann wird es Sie sicher freuen zu erfahren, daß die gesamte Menge Coca-Cola, die bisher hergestellt wurde, in 0,3 Liter-Flaschen gefüllt und aneinandergelegt, 1045mal zum Mond und zurück reichen würde. (Wer denkt sich bloß diese Vergleiche immer aus?) Verblüffend, aber wahr: Jeden Tag werden 260 Millionen Gläser Coca-Cola getrunken.

Coca-Cola schmeckt nicht nur toll; hin und wieder hat man auch das Glück, das Zeugs noch in diesen wunderschönen Flaschen und Gläsern zu bekommen. Die unverkennbare Flasche aus grünem Glas, die an einen engen Frauenrock der Zwanzigerjahre erinnert, wurde 1916 von der Root Glass Company aus Terre Haute im US-Staat Indiana entworfen; der graziösbauchige Behälter, in dem Gastwirte das Getränk ausschenken, stammt aus dem Jahr 1919. Was soviel Tradition hat, muß gut sein – Coke is it!

Ohio Blue Tip Küchenstreichhölzer

In seiner ewigen Suche nach dem Feuer hat sich der Mensch aller möglichen Feuerquellen bedient – vom Blitz bis zum Laser. Aber das Streichholz, zeitlich etwas nach dem Feuerstein und etwas vor dem Butanfeuerzeug einzuordnen, ist technologisch wie ästhetisch so ziemlich die vollendetste Vorrichtung zum Feuer-

keine schlechten Streichhölzer; manche seien nur etwas besser als andere. Leider ist das ein Trugschluß: Die große Idee hat bei einigen ihrer zahlreichen Umsetzungen leiden müssen. Streichhölzer aus Pappe verglühen meist wie Strohfeuer und bilden für die Finger des Benützers eine echte Bedrohung. Die versnobten Streichhölzer mit Goldspitzen, die es oft in schnieken Läden zu kaufen gibt, sind zu dünn – beim Anzünden brechen sie meist in der Mitte durch, und wenn, dann verglühen auch sie sehr schnell. Aber auf Ohio Blue Tips, die soliden Haushaltsstreichhölzer mit der blauen Spitze ist Verlaß. Sie lodern bis zu 28 Sekunden, bevor sie den Benützer brennen, und man kann gut daran kauen, wenn man sie nicht anzünden will.

Warum gerade Blue Tip Streichhölzer, wo es doch so viele Marken gibt? Die Swan Vestas aus England sind eleganter, und die Diamond Kitchen Streichhölzer aus Springfield, Massachusetts, brennen genauso hell. Vielleicht besteht der Vorzug von Blue Tip in der geradezu poetischen Ironie, daß Flamme und Hitze einer wunderschönen himmelblauen, meeresfarbenen, Kühle ausstrahlenden Streichholzspitze entspringen sollen. Eine, man möchte fast sagen, zündende Idee.

machen, die man sich nur denken kann. Wenn man sieht, wie bei der geringsten Reibung auf einer rauhen Fläche die Spitze eines Streichholzes Hitze und Licht von sich gibt, dann wird einem einiges über die Evolution klar – unter anderem, warum der Mensch raucht und der Pavian nicht.   ☐ Sie meinen vielleicht, es gäbe

Kleenex Papiertaschentücher

In Amerika haben Kleenex Papiertaschentücher eine noch größere Tradition als Tempos in Deutschland. Das bescheidene Kleenex-Tuch, 8,25 auf 9,42 Zoll groß, ist ein Maß für die sozio-technologische Entwicklung in jenem Land. So tief verwurzelt ist Kleenex im amerikanischen Alltag, so unangefochten als Norm der großen

amerikanischen Nasalarchitektur, daß der Konkurrenz nichts übrigbleibt, als das Produkt zähneknirschend nachzuahmen, ohne je darauf hoffen zu können, es auch mal zu verbessern. Das nächsthöhere wäre ein Quadrat aus gutem Baumwollbatist, und das bedeutet bekanntlich verbeulte Taschen und ein Leben in der Waschküche im Dienste des Recycling. Fast noch das Beste am Papiertaschentuch ist, daß es in unserem Wegwerfzeitalter eines der wenigen Dinge ist, deren wir uns mit Erleichterungs- statt mit Schuldgefühl entledigen können.

In den letzten Jahren ist Kimberley-Clark – die Firma, die 1924 einem schniefenden Planeten das Papiertaschentuch bescherte – größtenteils dazu übergegangen, die edle Schlichtheit der ursprünglich blau-weißen Schachtel aufzugeben zugunsten penetranter Treibhausblüten auf den Pakkungen, denen man höchstens eine allergiefördernde Wirkung zutraut. Aber das kleine Taschenpaket, treuer Flachmann ambulanter Erkältungsleidender, trägt noch stolz die alten Hausfarben. Gesundheit!

Barnum's Animal Crackers

Selbst wer als Kind in Amerika aufgewachsen ist, wird sich wahrscheinlich schwertun, alle Tiere von Barnum's Animal Crackers aufzuzählen. Sie lauten (in animalbetischer Reihenfolge): Affe, Bär, Bison, Elefant, Giraffe, Gorilla, Hyäne, Kamel, Känguruh, Löwe, Nashorn, Nilpferd, Robbe, Schaf, Tiger, Zebra. Insgesamt

also siebzehn, wobei der Bär jedoch zweimal vorkommt – einmal stehend und einmal sitzend. Obwohl jede Schachtel zwischen zwanzig und zweiundzwanzig Kekse enthält, erfolgt die Verpackung nach Zufallskriterien, so daß dabei genausogut eine Kamelkarawane herauskommen kann wie ein Bärenrudel. Das andere Problem ist natürlich, daß ein paar Kekse in der Schachtel immer in die Brüche gehen. Diese Keksscherben muß man immer als erste essen. Die Tiere, die dann übrigbleiben, lassen sich sodann auf vielerlei Arten verzehren: alle Dubletten zuerst; alle Bösen zuerst; alle gefährdeten Arten zuletzt.

Die wunderbare Schachtel mit dem Clown zum Ausschneiden und den Rädern unten ist an sich schon eine Schatzkiste. Sie hat sogar eine Schnur als Griff, damit man die Schachtel zum Spielkameraden mitnehmen oder als Schmuck für den Weihnachtsbaum verwenden kann. (Das war übrigens der ursprüngliche Zweck der Animal Crackers, als sie 1902 auf den Markt kamen.) Aber Werbung wurde dafür nie gemacht. Offensichtlich sind manche Dinge im Leben so grundrichtig, daß uns gar nicht gesagt werden muß, wie nötig wir sie haben.

Die Märklin Spur-H0 elektrische Modelleisenbahn

Die einzige Schaufensterdekoration, die unter jeder Garantie ganze Horden von Betrachtern anzieht, ist eine Modelleisenbahn. Was ist denn eigentlich so unwiderstehlich am Anblick eines Miniaturzuges, der durch grasgrüne Felder zuckelt, vorbei an kleinen Häuschen, über Brücken und durch Tunnels, der geduldig aufs

mehr das, was sie mal waren. Aber das ist die Bundesbahn ja auch nicht mehr. Der Hauch von Luxus und Aufregung, der Zugreisen früher umgab, gehört nunmehr der Vergangenheit an (mit Ausnahme jenes Museums auf Rädern, das *Orient Express* heißt und noch heute gelegentlich verkehrt). Modelleisenbahnen werden heutzutage für Kinder gekauft, die keine Ahnung vom Zugfahren haben. Das macht aber nichts: Diese Miniaturwagen, die sich innerhalb eines klar abgegrenzten Raums fortbewegen, entfesseln unsere Phantasie, unsere Träume von fernen Ländern.

Die einzigen wirklich maßstabsgerecht und naturgetreu nachgebauten Modelleisen-

bahnen, die heute noch hergestellt werden, stammen von Märklin und werden seit 1891 in Göppingen gebaut. Wegen der hohen Kosten bestehen heute nur noch die Lokomotiven aus Metall (das heißt, spritzgegossenem Zink). Die übrigen Waggons sind aus Kunststoff; sie stimmen jedoch bis in die kleinsten Details mit den Originalen überein, und die meisten können von innen noch richtig beleuchtet werden. Die meisten Modelle sind echten europäischen Eisenbahnzügen der Gegenwart und der Vergangenheit nachempfunden. Es gibt sogar eine Nachbildung einer modernen Schwebebahn, die mit oder ohne Kabel läuft. Diese liliputanischen Züge durch selbstgestaltete Landschaften zu lenken, ist ein unendlich beglückendes Erlebnis und weckt garantiert den kleinen Jungen in Ihnen. Auch wenn Sie in Wirklichkeit ein großes Mädchen sind.

Grünsignal wartet und erst dann am Bahnhof einfährt, der pausenlos im Kreis herumfährt, und das auf Schienen, die überall- und nirgendwohin führen? Wer könnte achtlos an einem solchen Wunderding vorbeigehen, ohne davon fasziniert zu werden? ☐ Traurig aber wahr: Modelleisenbahnen sind auch nicht

Der Stetson Hut

Preisfrage. Die Antwort lautet übrigens: „Er erfand den Cowboy-Hut!" Also: „Wer war John B. Stetson?" Als junger Mann zog Stetson, der Sohn eines Hutmachers aus Orange im US-Staat New Jersey, gen Westen, um im wärmeren Klima seine vom östlichen Winter angegriffene Gesundheit wiederherzustellen. In den Rocky

Mountains traf ihn jedoch die Kälte wieder. Um sich davor zu schützen, baute er für sich den allerersten Stetson. Dazu wandte er die uralte Methode des Filzens an: Er rasierte den Pelz von Kaninchen- und Biberhäuten, feuchtete die Härchen an, tauchte sie in siedendes Wasser und formte sie dann zu dem unverwechselbaren, breitkrempigen Hut mit hoher Krone, den wir aus unzähligen Western kennen. Das Urmodell wurde noch auf derselben Reise für ein 5-Dollar-Goldstück verhökert, und erst Jahre später, als Stetson bereits ein erfolgreicher Hutmacher in Philadelphia war, kramte er die Idee wieder hervor. Er gab seiner Erfindung den farbigen Namen „Boss of the Plains" und schickte ein Exemplar an jeden Herrenmodenhändler im Westen. Sein Name wurde bald Bestandteil der Umgangssprache. Trotz des Macho-Appeals,

den seine Erfindung zweifellos besitzt, war Stetson bestimmt kein Chauvi: Unter seinem Hut steckten nicht nur die Köpfe von Buffalo Bill und General Custer, sondern auch von Annie Oakley und Calamity Jane. Salon-Cowboys mögen den Stetson aus Gründen der Mode tragen, aber für den *echten* Cowboy war er stets mehr als nur ein Hut. Wenn er ihn nicht gerade als Schutz gegen die Elemente auf dem Kopf trug, dann konnte er damit einen Stier peitschen, ein Feuer anfachen oder ihn nachts als Kopfkissen verwenden. Man spricht gerne vom „Zehn-Gallonen-Hut", aber ein solches Fassungsvermögen von immerhin fast 40 Litern dürfte doch etwas übertrieben sein. Es stimmt aber schon, daß man damit Wasser schöpfen kann, und die Cowboys nahmen früher schon mal ihre Stetsons, um einem Pferd den Durst zu stillen.

Jeder Stetson trägt ein Etikett, und auf jedem Etikett stehen zwischen drei und zwanzig „X". Sie weisen auf das Verhältnis im Filz von gewöhnlichen Kaninchen zum luxuriöseren Biber hin. Wenn Sie einen Stetson mit zwanzig X besitzen, dann tragen Sie quasi einen Biber auf dem Kopf. Und wenn Sie nur jämmerliche drei X aufbieten können, dann behalten Sie es besser für sich – sozusagen unterm Hut.

Heinz Tomatenketchup

Ob Englisch, Deutsch oder Indonesisch (aus welcher Sprache das Wort übrigens auf Umwegen über das Englische ursprünglich auch stammt): Das Wort ist Ketchup, und die Marke ist Heinz. Es gibt keine andere – und da brauchen wir keine Blindproben. Kein anderes Ketchup trieft mit einer solchen Gelassen-

heit aus der Flasche, kein anderes hat diese zähe Konsistenz oder diesen vollen Tomatengeschmack. Mag sein, daß ein Ketchup gar nicht zu dick sein kann: Jedenfalls sind alle anderen Marken zu dünn. Und sie *schmecken* auch dünn. Für viele ist ein Hamburger nichts anderes als eine Unterlage für Ketchup, und wenn diese Leute sich plötzlich mit einer anderen Marke konfrontiert sehen, kann die Enttäuschung so groß sein, daß sie es vorziehen, mit einem Schinkenbrot vorliebzunehmen. Heinz Ketchup hat zwei ausgeprägte Merkmale: Geschmack und Viskosität. An letzterem scheint der Firma ganz besonders gelegen zu sein – so sehr, daß sie die Zähigkeit des Zeugs mit einem speziellen, patentierten Gerät, einem „Quantifizierer",

messen. Langsam aber stetig – so rollt man einen Markt auf. Und was den Geschmack anbelangt: Ketchup wird nach einem Grundrezept zubereitet, an dem, laut Heinz, sich seit der Einführung des Produktes im Jahre 1876 nichts geändert hat. Im Auftrag von Heinz haben Agronome sogar spezielle Tomatensorten entwickelt.

Aber Heinz Tomatenketchup ist mehr als nur das Ketchup, es ist auch die Flasche. Heinz Ketchup wird in einer Reihe von Flaschen unterschiedlicher Form und Größe verkauft, aber der Klassiker ist die 400 Gramm Standardflasche, die seit der Jahrhundertwende stets die gleiche achteckige Form besitzt. Die Flasche hat die fließenden, modernistischen Linien des Art Déco, aber die Form ist auch ungeheuer praktisch. Dank der acht Facetten liegt die Flasche gut in der Hand, und das ist wichtig angesichts der endlosen Wartezeit, bis das Ketchup sich bequemt, sich über Ihren Hamburger auszubreiten.

Dort, wo livrierte Diener und kostbares Besteck die Norm sind, wird Ketchup in Silberschälchen abgefüllt und mit kleinen Silberlöffelchen aufgetragen. Das ist jedoch eine Anmaßung, die an Lästerung grenzt. Heinz Ketchup, das ist Behälter und Inhalt zugleich.

„Nathan's Famous" Hotdog

Manche Hotdogs sind besser als andere – aber der Hotdog von Nathan's berühmter Bude in Coney Island, dem riesigen Rummelplatz bei New York, überragt sie alle. Vielleicht ist es die etwas anrüchige Jahrmarktatmosphäre, vielleicht die Meeresluft, die weite und unsinnige Reise, die man so leichtfertig auf sich

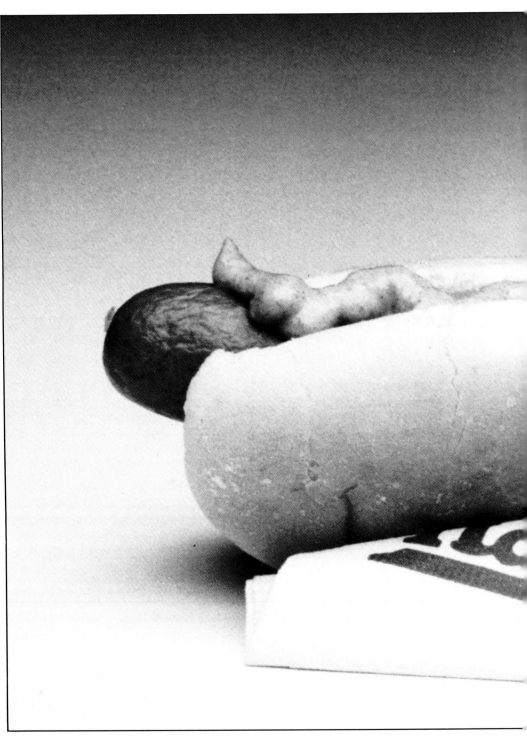

schon deshalb, in die amerikanische Folklore einzugehen, weil seine eigene Folklore so uramerikanisch ist – ein Lehrbuchfall von Yankee-Erfindungs- und Unternehmungsgeist. Damals arbeiteten ein gewisser Nathan (ein Hotdog bekommt doch nicht einfach nur so zum Spaß den Namen „Nathan") Handwerker und seine Frau Ida zusammen bei Feltman's German Beer Gardens, dem damaligen Hauptumschlagplatz für Hotdogs auf Coney Island. (Wir wollen an dieser Stelle nicht verschweigen, daß der aus Frankfurt stammende Charles Feltman als erster in Amerika die heißen Hunde in längliche Brötchen gesteckt hatte.) Die später berühmten Sänger Eddie Cantor und Jimmy Durante arbeiteten zu der Zeit auch bei Feltman, und zwar als singende Kellner. Sie überredeten ihren Freund Nathan, seinen eigenen Hotdog-Palast aufzumachen und die Würstchen für fünf Cents – halb soviel wie Feltman – zu verkaufen. Mit 300 Dollar Startkapital und einem Geheimrezept von Frau Ida (hinter jedem großen Mann steckt eine Frau!) wagte er es. Zunächst lief das Geschäft ziemlich flau. Der Grund war einfach, und Geschäftsmänner wie Pierre Cardin, Yves Saint-Laurent und Karl Lagerfeld sind offensichtlich auch schon draufgekommen: Wenn etwas zu billig ist, werden die Leute mißtrauisch. Nathan hatte daraufhin die blendende Idee, gutaussehende Männer anzuheuern, sie in weiße Kittel zu stecken und dafür zu bezahlen, daß sie sein Etablissement bestürmten und einen Hotdog nach dem anderen verzehrten. Seine Kunden zogen rasch den gewünschten Schluß: Wenn soviele Ärzte Nathans warme Wurstwaren zu sich nehmen, dann können sie nicht schlecht sein. Nicht umsonst heißen sie „Nathan's Famous": Famos sind sie tatsächlich, und ihr Ruhm ist wohlverdient.

genommen hat, oder die viele kitschige Reklame für alles Mögliche außer Hotdogs – jedenfalls gibt es keinen anderen Hotdog mit diesem knusprig-saftigen Biß oder diesem befriedigend ungesunden Geschmack. ☐ Vom würzigen Geschmack einmal ganz abgesehen: Der Nathan's Hotdog verdient es

Das Ölkännchen

Wenn Sie auf den Knopf einer Silikonöl-Sprühdose drücken, dann könnten Sie – zumindest dem Geräusch nach zu urteilen – ebensogut dabei sein, Ihr Badezimmer nach Schwarzwald duften zu lassen, oder etwas Sahne-Ähnliches auf eine Erdbeertorte zu spritzen. Eine echte alte Ölbüchse dagegen gibt dieses herrliche,

unverwechselbare „Plik-Plok", „Plik-Plok" von sich – ein Geräusch, das garantiert, daß alles im Nu wieder wie geschmiert laufen wird. Man könnte noch viel weiter gehen und behaupten, dieses Geräusch sei symbolisch für die endlose, emsige Wartung, die nötig ist, um unsere Zivilisation vor Rost und Verfall zu bewahren.

Ohne das Ölkännchen mit seinem reichlich bemessenen Reservoir und seinem langen Schnabel, der selbst die verwinkeltsten Schmierstellen findet, wäre die industrielle Revolution unter Umständen knirschend zum Halten gekommen, noch bevor sie richtig rollte. Daß dieses überaus elegante Gerät nicht auf der Fahne irgendeines westlichen Landes erscheint (als Antwort auf die humorlosen Hammer und Sichel), ist eine maßlose Ungerechtigkeit, ebenso die Tatsache, daß sein Erfinder in Vergessenheit geraten ist – dagegen ehrt alle Welt einen Mann, der Amerika und Indien nicht auseinanderhalten konnte. Eine Schande ist das.

Die hier abgebildete Ausführung stammt von der Eagle Manufacturing Company in West Virginia und kann im Design eigentlich nicht mehr verbessert werden – das Monument einer gut geölten Gesellschaft.

LePage's Kleber

Es gibt heutzutage Klebstoffe, die sogar zwei Nashörner mit dringenden Verabredungen an entgegengesetzten Enden der Serengeti unlösbar miteinander verbinden können. Sie können damit auch, wenn das mehr nach Ihrem Geschmack ist, einen Fußballspieler an die Torlatte kleben. Mit LePage's bräunlichem

Flüssigkleber geht das nicht, ebensowenig wie Sie damit Ihren angeknacksten Michelangelo verkitten können. Aber auf seine ganz und gar unaufdringliche Art benimmt sich dieser Klebstoff von LePage genau so, wie es sich für einen wohlerzogenen Klebstoff gehört.

Erstens sieht er aus wie der Inbegriff eines Klebstoffes: „LePage's Mucilage" ist weder milchig blaß noch körperlos durchsichtig. Er besitzt diese unappetitlich gelb-bräunliche Farbe, die einen unwillkürlich an das Los erfolgloser Rennpferde denken läßt. Und zweitens hat allein das Wort „mucilage" (in dem das lateinische „mucus" = Schleim steckt) auf Englisch einen unbeschreiblich klebrigen Klang. Nicht wie etwas, womit man Moleküle für alle Ewigkeit fusionieren kann.

Das Allerbeste ist jedoch der zungenartige Gummiverteiler, der eine schöne gerade Klebstoff-Linie aufs Papier schmiert und sich im Laufe der Zeit mit vertrockneten Klebstoffresten so verstopft, daß man mit einer geradegebogenen Heftklammer chirurgisch tätig werden muß. Eine Mucilage-Kappe von einem solchen Ekzem zu befreien, ist eine unbeschreiblich befriedigende Tätigkeit, die einen außerdem bis zu zehn Minuten von der eigentlichen Arbeit abhalten kann; und das allein ist den Preis einer Flasche wert.

Tupperware

Zu glauben, Tupperware sei nicht mehr als eine Art Plastikbehälter, hieße, die Inbrunst jener dionysischen Lustbarkeit zu verkennen, die man eine Tupperware-Party nennt. Hier ist edle Reinheit, aufrichtige Schönheit, etwas Gralartiges. Wie wäre sonst die Tatsache zu erklären, daß jährlich 150 Millionen Tupperware-

Material für Kühlschrankbehälter eignet. Er entwarf daraufhin den klassisch weißen Standard-Set mit Hochglanzeffekt, der es mit dem feinsten Aussteuerporzellan von Rosenthal aufnehmen kann, und ließ sich einen narrensicheren, inzwischen patentierten Schnappdeckel einfallen, der nach dem Prinzip eines invertierten Farbdosendeckels funktioniert. Wenn es irgendetwas zählt, daß Millionen von Gläubigen tagtäglich seinen Namen rufen, dann ist die Heiligsprechung eine Gewißheit für Sankt Earl, dem furchtlosen Restevertilger.

Exemplare in siebenunddreißig verschiedenen Ländern verkauft werden? Ob Earl S. Tupper damals ahnte, daß er womöglich der erste Heilige des polymeren Zeitalters werden würde? In den späten vierziger Jahren ging ihm auf, daß Polyäthylen, an dessen Entwicklung er maßgeblich beteiligt war, sich bestens als

El Bubble Kaugummi-Zigarren

Was dieses Land braucht, ist eine gute Zehn-Cent-Zigarre, die die Bude nicht allzusehr verpestet, keine Asche verstreut und den Aschenbecher nicht verunstaltet. Dank göttlicher Fügung und der Philadelphia Chewing Gum Company gibt es El Bubble, in dem all diese Eigenschaften und noch viele mehr vereint sind.

Wie es so ist mit den meisten großen Erfindungen, wirkten bei der Entstehung der Bubble-gum-Zigarre eine Reihe glücklicher Umstände mit: Not, die wirtschaftlichen und technologischen Verhältnisse, Logik und purer Zufall. Als in den späten vierziger Jahren die kriegsbedingte Zuckerrationierung in Amerika wieder aufgehoben wurde, suchten die Marktstrategen bei Philadelphia Chewing Gum ganz schnell etwas, das ein neuartiges, längeres und vor allem teureres Kauvergnügen bieten sollte. Bis dahin hatte Kaugummi im allgemeinen nur einen Cent gekostet, und die Stücke waren so hauchdünn, daß man ständig nachfüttern mußte, um den Geschmack am Leben zu halten.

Für P. C. G. als Hersteller von Bubblegum-Zigaretten war die Zigarre eine natürliche Erweiterung ihres Sortiments. Da es aber noch keine Maschine gab, die ein Stück Kaugummi mit den eindrucksvollen Ausmaßen eines El Bubbles pressen konnte, mußte die Firma selbst eine konstruieren. Binnen kürzester Zeit beherrschte sie einen Markt, den sie selbst geschaffen hatte. Die Zigarre, die ursprünglich eine realistische, aber unappetitliche braune Farbe besaß, kostete damals fünf Cents und ermöglichte es selbst dem kleinsten Kind, wie Edward G. Robinson auszusehen. In den Köpfen der Jungs von Philadelphia Chewing Gum spukten noch mehr Ideen herum: Sie bekannten Farbe, indem sie ein Verfahren zur Herstellung von Zigarren in überirdischen Blau- und Grüntönen entwickelten. Aber der große Coup gelang ihnen 1981 mit einer Geschenkpackung einzeln eingewickelter Zigarren mit der Aufschrift: „Es ist ein Junge!" bzw. „Es ist ein Mädchen!" – natürlich wahlweise blau oder rosa.

Dom Perignon Champagner

Wie aus gewöhnlich nicht besonders gut unterrichteter Quelle zu hören ist, soll Dom Perignon, ein blinder Mönch, der im siebzehnten Jahrhundert ein Faß etwas zu stark vergorenen und deshalb leicht schäumenden Weins entdeckte, beim ersten Schluck gerufen haben: „Mein Gott, ich trinke die Sterne!" Genauso

wahrscheinlich ist es jedoch, daß der gute Dom, in der Erkenntnis, er habe ein gutes Faß schlecht werden lassen, das Zeugnis seiner Missetat heimlich ausgetrunken hat, um die Spuren zu beseitigen, nur um beim Aufwachen am nächsten Morgen zu stöhnen: „Du heilige Mutter der Barmherzigkeit, heute sehe ich aber Sterne!" Wie dem auch sei: Die Wirkung war so bemerkenswert, daß die Benediktiner im französischen Hautvillers den gleichen Fehler nochmals bewußt wiederholten, und dann nochmal, und nochmal – heute trinken die Stars den Champagner!

Dom Perignon ist ein Spitzenchampagner aus den ältesten, ehrwürdigsten Chardonnay- und Pinot Noir-Trauben der Weinberge von Moët und Chandon. Die zwei Rebsorten wurden erstmals Anfang des Jahrhunderts gemischt, und zwar für den privaten Gebrauch der Familien Moët und Chandon. 1921 wurde die erste Cuvée der Öffentlichkeit zugänglich gemacht – pikanterweise nicht in Frankreich, sondern in den Vereinigten Staaten. (Erst 1949 konnten die Franzosen den besten französischen Champagner erstehen.) Dom Perignon wird nur in Jahren hergestellt, in denen der „chef des caves" bei Moët die Trauben für gut genug befindet. In den zweiundsechzig Jahren seit der Markteinführung gab es nur zwanzig Dom Perignon-Jahrgänge. Da der Wein mindestens sechs Jahre ausreifen muß und danach nur etwa zehn Jahre gelagert werden kann, gibt es nie besonders viel davon. Die alten Reben liefern eben nur soundsoviele Trauben, die Trauben liefern nur soundsoviel Dom Perignon; und Stars gibt es viele.

Das Checker Taxi: In Memoriam

Nach sieben Jahrzehnten unumstrittener Herrschaft hat das Automobil nun doch noch seine mythische Dimension verloren und ist zum bloßen Verkehrsmittel verkümmert. Seine Rolle in unseren Träumen ist jedoch geblieben. Irgendwo tief in unserem Herzen glauben wir noch an das Auto als den Wagen Phaetons, der uns

flink macht wie der Wind und dreifach (und mit vier Vorwärtsgängen) vergöttlicht. Wir zwängen uns zwar pflichtschuldigst in Asphaltblasen mit so temperamentlosen Namen wie Panda oder Ente, bleiben aber – obwohl wir stolz auf uns als verantwortungsvolle Mitbürger sind – irgendwie unbefriedigt.

Die heldenhaften Limousinen von einst mit Namen wie Lasalle oder Duesenberg, Horch oder Maybach, sind längst verschwunden. Selbst die Cadillacs sind so geschrumpft, daß der Kosename „Caddy", der früher nie so richtig passen wollte, heute eine absolut korrekte Beschreibung liefert. Sogar der Rolls-Royce hat seine legendäre Arroganz gegen die Quasi-Anonymität einer grauen unternehmerischen Effizienz eingetauscht. Bis vor kurzem konnte nur das gute, alte Checker Taxi noch mit einer bequemen Innenausstattung und gediegener Außenverzierung aufwarten, wie es sich für die alte Traummaschine auf Rädern ziemt. Und nun ist es auch damit vorbei.

Das Checker Taxi wurde in den späten vierziger Jahren entwickelt – vielleicht als Antwort auf die Frage: „Wie hätten Taxis ausgesehen, wenn sie auf dem Olymp herumgefahren wären?" Außer am Fahrpreis hat sich im Laufe der Jahre daran kaum etwas verändert. Der „Marathon", die

Zivil-Version des Checker, war lange die einzige Limousine, in die man mühelos einsteigen konnte, ohne dabei den Zylinder abzunehmen. Das vornehmere „Monumental"-Modell, hinten kantig, vorne gerundet und überall Wohlwollen ausstrahlend, war die Matrone unter den Luxuswagen und machte stets der Beschrei-

bung des Herstellers Ehre: „Königlich einfach, von klassischen Dimensionen..."
In einer Welt, die nur noch Kleinwagen kennt, wurde dem Checker Taxi sein unwirtschaftlicher Benzinverbrauch zum Verhängnis. Deshalb, alter Checker, leb wohl. Um der paar Tropfen Benzins willen sind wir gezwungen, dem Aus-

sterben des gelben Elefanten tatenlos zuzusehen – einer der komfortabelsten Kreaturen, die je uns Komfort angedeihen ließ. Aber wer weiß? Vielleicht wird der alte Checker wieder auferstehen, wenn wir nur alle zusammen ganz laut sagen: „Wir glauben an die Quintessenz."